AF377781

BIBLIOTHÈQUE
DES FAMILLES

JOURNAL D'ÉDUCATION MORALE ET RELIGIEUSE

spécialement destiné à la jeunesse

Paraissant le 1er de chaque mois, à partir du 1er février,

PAR LIVRAISONS DE DEUX FEUILLES D'IMPRESSION,

accompagnées de

**Musique, Tapisserie, Dessins de Broderie, Gravures de Modes,
Aquarelles, etc., etc.,**

SOUS LA DIRECTION
DE M. PIERRE ZACCONE.

PARIS, 10 FR.; — DÉPARTEMENTS, 12 FR.; — ÉTRANGER, 14 FR.

PREMIÈRE ANNÉE.

N° 1. — 1er Février 1852.

PARIS

BUREAU DU JOURNAL, RUE ROUGEMONT, 7.

1852

Bureaux à Paris, 7, rue Rougemont.

SOMMAIRE DU NUMÉRO DE FÉVRIER 1852.

La Croix de Ninette (*Romance*), paroles de M. Marc CONSTANTIN, musique de M. Louis ABADIE.

Dessin de broderie.

Gravure de modes.

Les nombreuses adhésions qui nous sont parvenues déjà nous font un devoir de persévérer dans l'entreprise à laquelle nous consacrons nos efforts. De tous les côtés l'on nous promet de nous soutenir. Nous saurons répondre, par notre zèle, le choix de nos articles, la moralité de nos tendances, à la bienveillance inespérée que l'on nous témoigne.

Le second numéro contiendra : Une instruction religieuse, par M. l'abbé ***; — un article de M. Emile Souvestre; — un article d'éducation, par M. Delioux; — une Fable, de M. Savinien Lapointe; — la suite du *Petit Buffon historique et amusant*, par Mme Ferdinand Marie; — une Poésie, de M. Duperche de Saint-Denis; — *Modes*, par Mlle Rosa du Sablen; — une Romance de M. Alfred Dufresne; — des Dessins de broderie, etc., etc.

Ce numéro contiendra en outre, à titre de *livraison supplémentaire*, une pièce du *Théâtre de Berquin*.

Envoyer *franco* un mandat à l'ordre de M. le Directeur du Journal, rue Rougemont, 7. — Les Messageries font les abonnements sans augmentation de prix.

Les lettres non affranchies seront rigoureusement refusées.

Typographie Hennuyer, rue Lemercier, 24. Batignolles.

INTRODUCTION.

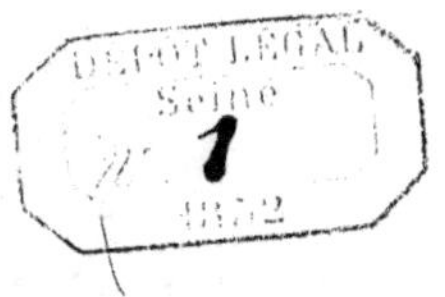

Beaucoup de journaux d'éducation sont aujourd'hui en cours de publication, et l'annonce seule de leur but a suffi pour leur assurer le succès. Nous arrivons donc bien tard dans la carrière, et nous y comptons bon nombre de devanciers. Aussi n'est-ce point le succès obtenu qui a pu nous séduire ; ce sont encore moins les bénéfices problématiques d'une entreprise commencée dans de telles conditions. Il était impossible de se dissimuler, en effet, les difficultés de l'œuvre à laquelle nous allions consacrer nos efforts ; et si nous n'avions écouté que notre propre intérêt, peut-être eussions-nous, dès le principe, renoncé à notre projet.

Les motifs qui nous ont engagés à persévérer dans la voie où nous entrons appartiennent à un ordre d'idées plus élevé ; et si nous éprouvons quelque joie à voir un jour réussir notre entreprise, ce sera surtout en vue des résultats sérieux que nous aurons obtenus.

La plupart des recueils qui ont paru jusqu'à ce jour, — nos lecteurs nous pardonneront cette innocente critique, qui ne nous est inspirée que par la sincérité de nos convictions ; — la plupart des recueils qui ont paru jusqu'à ce jour semblent avoir singulièrement oublié le point d'où ils étaient partis et celui vers lequel ils devaient tendre. Au lieu de s'adresser spécialement à la jeunesse, ils ont pris à tâche de s'en détourner ; au lieu de rechercher, avec une infatigable ardeur, tout ce qui pouvait instruire et moraliser, ils se sont abandonnés à je ne sais quel genre mixte qui tient à la fois et du *Journal* proprement dit et de la *Revue*, et, méconnaissant la nature même des jeunes lecteurs sous les yeux desquels ils passaient, ils se sont éloignés chaque jour davantage de leur but, et ont ainsi négligé le côté le plus important de la mission qu'ils s'étaient imposée.

C'est une faute grave que ne commettra pas la *Bibliothèque des Familles ;* elle en prend l'engagement.

Créer un recueil destiné à prendre une place à part au milieu de cette foule de publications sans cause bien déterminée, l'entourer des conseils éclairés et bienveillants de personnes que l'expérience a instruites et qui sont soutenues par le profond et évangélique amour de l'enfance, réunir et condenser dans un cadre limité les éléments les plus plus féconds de l'éducation de famille, enfin parler à tous les esprits en s'adressant à tous les cœurs, tel est le problème que nous nous sommes posé et que nous espérons bien résoudre.

C'est avec une sorte de recueillement religieux que nous nous sommes mis à l'œuvre; et, l'entreprise une fois bien définie, nous n'avons reculé devant aucun sacrifice pour en assurer le succès.

La *Bibliothèque des Familles* a d'ailleurs trouvé autour d'elle bien des sympathies; elle n'a eu qu'à manifester ses intentions pour être accueillie et soutenue avec la plus louable bonne volonté, et aujourd'hui elle ne redoute plus rien de l'avenir.

On pourrait croire qu'à notre époque c'est une spéculation bien hasardeuse que la fondation d'un journal moral et religieux, spécialement destiné à la jeunesse. Mais pour peu qu'on veuille bien y réfléchir, on se convaincra facilement, au contraire, de l'opportunité même d'une semblable publication.

En effet, quand le trouble est partout, que le sol effondré craque et tremble de toutes parts, menaçant d'abîmer les dernières croyances, quand tous les esprits, incertains du présent, effrayés de l'avenir, cherchent vainement la voie à suivre, au milieu de la perturbation générale, c'est vers le foyer domestique que chacun va se réfugier, oubliant, au milieu des joies saintes de la famille, les sombres préoccupations qui naissent du terrible spectacle des guerres civiles!

Et puis, les enseignements du passé ne seront pas perdus.

Instruit par les graves événements qui se sont accomplis depuis peu, peut-être arrivera-t-on à penser que la jeune génération a plus que jamais besoin de conseils sympathiques, qui la défendent contre les entraînements de l'erreur. On a trop oublié sans doute, ainsi que nous le disions dernièrement, les sages préceptes de la morale et de la religion, et il importe de revenir aux saines traditions de l'éducation de famille, qui peut seule débarrasser l'avenir des incertitudes qui l'environnent.

Pour accomplir cette tâche, nous nous sommes entouré de talents spéciaux, depuis longtemps connus et aimés du public, et que des travaux antérieurs devaient recommander d'avance à nos lecteurs; des ecclésiastiques, des dames vouées à l'enseignement de la jeunesse, des écrivains dont l'Académie a plusieurs fois couronné les ouvrages, des artistes qui ont déjà fait la fortune de semblables publications, des compositeurs dont les noms sont aujourd'hui populaires, nous avons sollicité tous les concours, et nous n'avons rien négligé de ce qui pouvait répondre à ce que l'on était en droit d'attendre de nous!

Qu'ajouter à ce qui précède?

Nous aimons mieux nous en rapporter à l'indulgence de notre public.

Notre journal commence; il vient combler une lacune regrettable; que la bienveillance de nos lecteurs soutienne nos premiers pas, et le succès ne sera pas un instant douteux.   PIERRE ZACCONE.

BIBLIOTHÈQUE

DES FAMILLES.

L'ENFANT PERDU.

Les ouvrages sérieux deviennent chaque jour plus rares, et c'est presque un événement quand il vient à être publié un livre amusant et moral à la fois, que l'on puisse sans danger mettre entre les mains des jeunes personnes. — C'est à ce titre que nous croyons devoir spécialement recommander à nos lecteurs le *Philosophe sous les toits*, de notre collaborateur, M. Emile Souvestre. Ce livre a été récemment couronné par l'Académie, et son succès est loin d'avoir été épuisé par plusieurs éditions successives. Nous n'avons pas su résister au plaisir d'en donner l'extrait suivant à nos abonnés.

« Il y avait de cela deux années : à la même époque, je longeais la Seine, dont les berges noyées dans l'ombre laissaient le regard s'étendre en tous sens, et à laquelle l'illumination des quais et des ponts donnait l'aspect d'un lac enguirlandé d'étoiles. J'avais atteint le Louvre, lorsqu'un rassemblement formé près du parapet m'arrêta : on entourait un enfant d'environ six ans, qui pleurait. Je demandai la cause de ses larmes.

— Il paraît qu'on l'a envoyé promener aux Tuileries, me dit un maçon qui revenait du travail, sa truelle à la main ; le domestique qui le conduisait a trouvé là des amis, et a dit à l'enfant de l'attendre, tandis qu'il allait prendre un *canon;* mais faut croire que la soif lui sera venue en buvant, car il n'a pas reparu, et le petit ne retrouve plus son logement.

— Ne peut-on lui demander son nom et son adresse?

— C'est ce qu'ils font depuis une heure ; mais tout ce qu'il peut dire, c'est qu'il s'appelle Charles, et que son père est M. Duval... Il y en a douze cents dans Paris, des Duval.

— Ainsi, il ne sait pas le nom du quartier où il demeure ?

— Ah bien oui ! vous ne voyez donc pas que c'est un petit riche ? Ça n'est jamais sorti qu'en voiture, ou avec un laquais ; ça ne sait pas se conduire tout seul.

Ici le maçon fut interrompu par quelques voix qui s'élevaient au-dessus des autres.

— On ne peut pas le laisser sur le pavé, disaient les uns.

— Les enleveurs d'enfants l'emporteraient, continuaient les autres.

— Il faut l'emmener chez le commissaire.

— Ou à la Préfecture de police.

— C'est cela. Viens, petit !

Mais l'enfant, que ces avertissements de danger et ces noms de police et de commissaire avaient effrayé, criait plus fort, en reculant vers le parapet. On s'efforçait en vain de le persuader, sa résistance grandissait avec son inquiétude, et les plus empressés commençaient à se décourager, lorsque la voix d'un petit garçon s'éleva au milieu du débat.

— Je le connais bien, moi, dit-il en regardant l'enfant perdu ; il est de notre quartier.

— Quel quartier ?

— Là-bas, de l'autre côté des boulevards, rue des Magasins.

— Et tu l'as déjà vu ?

— Oui, oui ! c'est le fils de la grande maison, au bout de la rue, où il y a une porte à grille avec des pointes dorées.

L'enfant redressa vivement la tête, et les larmes s'arrêtèrent dans ses yeux.

Le petit garçon répondit à toutes les questions qui lui furent adressées, et donna des renseignements qui ne pouvaient laisser aucun doute. L'enfant égaré le comprit, car il s'approcha de lui, comme s'il eût voulu se mettre sous sa protection.

— Ainsi, tu peux le conduire à ses parents ? demanda le maçon, qui avait écouté l'explication avec un véritable intérêt.

— Ça ne sera pas malin, répliqua le petit garçon, c'est ma route.

— Alors, tu t'en charges ?

— Il n'a qu'à venir.

Et, reprenant le panier qu'il avait déposé sur le trottoir, il se dirigea vers la poterne du Louvre.

L'enfant perdu le suivit.

— Pourvu qu'il le conduise bien ! dis-je en les voyant s'éloigner.

— Soyez donc calme, reprit le maçon ; le petit en blouse a le même âge que l'autre ; mais, comme on dit, *ça connaît les couleurs.* La misère, voyez-vous, est une fameuse maîtresse d'école !

Le rassemblement s'était dispersé : je me dirigeai à mon tour vers le Louvre ; l'idée m'était venue de suivre les deux enfants, afin de prévenir toute erreur.

Je ne tardai pas à les rejoindre ; ils marchaient l'un près de l'autre, déjà familiarisés et causant.

Le contraste de leurs costumes frappa alors mes regards. Le petit Duval portait un de ces habillements de fantaisie qui joignent le bon goût à l'opulence : sa veste, serrée à la taille, était artistement soutachée ; un pantalon, plissé depuis la ceinture, descendait sur des brodequins vernis à boutons de nacre, et une casquette de velours cachait à demi ses cheveux bouclés. La mise de son conducteur, au contraire, indiquait les dernières limites de la pauvreté, mais de celle qui résiste et ne s'abandonne pas. Sa vieille blouse, diaprée de morceaux de teintes différentes, indiquait la persistance d'une mère laborieuse luttant contre les usures du temps ; les jambes de son pantalon, devenues trop courtes, laissaient voir des bas reprisés à plusieurs fois, et il était évident que ses souliers n'avaient point été primitivement destinés à son usage.

Les physionomies des deux enfants ne différaient pas moins que leurs costumes. Celle du premier était délicate et distinguée ; l'œil d'un bleu limpide, la peau fine, les lèvres souriantes, lui donnaient un charme d'innocence et de bonheur. Les traits du second, au contraire, avaient une certaine rudesse ; le regard était vif et mobile, le teint bruni, la bouche moins riante que narquoise ; tout indiquait l'intelligence aiguisée par une précoce expérience ; il marchait avec confiance au milieu des rues que les voitures sillonnaient, et suivait sans hésitation leurs mille détours.

J'appris de lui qu'il apportait tous les jours le dîner de son père, alors occupé sur la rive gauche de la Seine ; la responsabilité dont il était chargé l'avait rendu attentif et prudent. Il avait reçu ces dures, mais puissantes leçons de la nécessité, que rien n'égale ni ne remplace. Malheureusement les besoins du pauvre ménage l'avaient forcé à négliger l'école, et il paraissait le regretter, car souvent il s'arrêtait devant les gravures et demandait à son compagnon de lui en lire les inscriptions.

Nous atteignîmes ainsi le boulevard Bonne-Nouvelle, où l'enfant égaré commença à se reconnaître ; malgré la fatigue, il pressa le pas ; un trouble mêlé d'attendrissement l'agitait ; à la vue de sa maison, il poussa un cri et courut vers la grille aux pointes dorées ; une femme, qui attendait sur le seuil, le reçut dans ses bras, et, aux acclamations de joie, au bruit des baisers, j'eus bientôt reconnu sa mère.

Ne voyant revenir ni le domestique ni l'enfant, elle avait envoyé de tous côtés à leur recherche, et attendait dans une anxiété palpitante.

Je lui expliquai en peu de mots ce qui était arrivé : elle me remercia avec effusion, et chercha le petit garçon qui avait reconnu et reconduit son fils ; mais, pendant notre explication, il avait disparu.

C'était la première fois que je revenais depuis dans ce quartier. La reconnaissance de la mère avait-elle persisté? Les deux enfants s'étaient-ils retrouvés, et l'heureux hasard de leur rencontre avait-il abaissé devant eux cette barrière qui peut distinguer les classes, mais qui ne devrait point les diviser?

Je m'adressais ces questions en ralentissant le pas, et les yeux fixés sur la grande grille que je venais d'apercevoir. Tout à coup je la vis s'ouvrir, et deux enfants parurent sur le seuil. Bien que grandis, je les reconnus au premier coup d'œil : c'étaient l'enfant trouvé près le parapet du Louvre et son jeune conducteur. Le costume de ce dernier avait seulement subi d'importantes modifications : sa blouse de toile grise, dont la propreté touchait presque à l'élégance, était serrée à la taille par une ceinture de cuir verni; il était chaussé de forts souliers, mais faits à son pied, et coiffé d'une casquette de coutil toute neuve.

Au moment où je l'aperçus, il tenait des deux mains un énorme bouquet de lilas auquel son compagnon s'efforçait d'ajouter des narcisses et des primevères ; les deux enfants riaient et se dirent amicalement adieu. Le fils de M. Duval ne rentra qu'après avoir vu son compagnon tourner le coin de la rue.

J'accostai alors ce dernier et lui rappelai notre rencontre ; il me regarda un instant, puis parut me reconnaître.

—Pardon, excuse, si je ne vous salue pas, dit-il gaiement, mais il faut mes deux mains pour le bouquet que m'a donné M. Charles.

— Vous êtes donc devenus bons amis? demandai-je.

— Oh! je crois bien, dit l'enfant; maintenant mon père est riche aussi !

— Comment cela?

— M. Duval lui a prêté un peu d'argent ; il s'est mis en chambre, où il fabrique pour son compte, et moi je vais à l'école.

A u fait, repris-je en remarquant pour la première fois la croix qui décorait la blouse de l'enfant : je vois que vous êtes *empereur!*

— M. Charles m'aide à étudier, et, comme ça, je suis devenu le plus fort de toute la classe.

— Vous venez alors de prendre votre leçon?

— Oui! et il m'a donné du lilas ; car, il y a un jardin où nous jouons ensemble et qui fournit ma mère de fleurs.

— Alors, c'est comme si vous en aviez une part.

— Juste! Ah! ce sont de bons voisins, allez. Mais me voilà rendu; au revoir, monsieur.

L'enfant me fit de la tête un salut souriant, et disparut.

Je continuai ma route, pensif, mais le cœur soulagé. Si j'avais vu ailleurs le contraste douloureux de l'opulence et de la misère, ici je trouvais l'alliance amicale de la richesse et de la pauvreté. La bonne volonté avait adouci des deux côtés les inégalités trop rudes, et établi entre l'humble atelier et le brillant hôtel un chemin de bon voisinage. Loin de prêter l'oreille à la voix de l'intérêt, chacun avait écouté celle du dévouement, et il n'était resté place ni au dédain, ni à l'envie. »

EMILE SOUVESTRE.

LES FLEURS.

Dieu nous créa d'un sourire,
Tout jardin est notre empire;
L'air que ta bouche respire,
C'est nous qui le parfumons :
Nous sommes les fleurs aimées,
Par l'aurore ranimées
Sous les brises embaumées
Que Dieu souffle sur les monts.

Le soleil nous donne une âme,
Nous colore de sa flamme,
Pour nous unir à la femme,
Notre sœur par la beauté :
Chacune de nous, près d'elle,
Voudrait, compagne fidèle,
Avoir à sa tige une aile,
Pour voler à son côté.

MÉRY.

LE SOUPER DE KERHOR.

LÉGENDE.

... Le petit feu se consumait lentement dans l'âtre énorme. Sous le manteau de la cheminée, Gotte filait.

Gotte avait une grande figure ridée, autour de laquelle tombaient les mèches raides de ses cheveux blancs. Ses yeux éteints dormaient dans leurs orbites caves. Des poils rares, longs et rudes, se hérissaient sur sa lèvre. Gotte tremblait des deux mains et de la tête. On disait que Gotte avait bien cent ans.

Mais elle chantait encore, en tournant son rouet plus vieux qu'elle, la chanson guillerette :

> Les jeunes gens de Saint-Vincent
> Ont, chaque, une belle à la ville...

La chanson a soixante couplets, comme toutes les chansons bien faites. Gotte allait jusqu'au bout quand elle avait bu un verre d'eau-de-vie.

I.

C'était le soir. La marmite chauffait sur les deux pauvres tisons noircis. Il y avait veillée à la ferme.

Le père et la mère étaient assis gravement sur leurs fauteuils de bois. Le grand-père et la grand'mère avaient passé de vie à trépas depuis des années. Gotte était la bisaïeule.

Voisins et voisines entouraient la cheminée; ceux qui n'avaient pu avoir de billots restaient accroupis sur la terre battue, et ne s'en plaignaient point.

— Gotte, bonne mère Gotte, disaient les jeunes gars et les jeunes filles, ne nous conterez-vous point une histoire, cette nuit ?

Gotte branlait la tête, en écoutant le cri aigre de son rouet.

— J'en savais autrefois des histoires, murmura-t-elle,—autant qu'il y a de jours dans l'année... Mais j'avais de bons bras aussi, et maintenant la poignée de mon rouet fatigue mes vieux os... Ma mémoire s'en est allée avec la force de mes bras... Garçailles, l'âge vient où l'on ne sait plus d'histoire.

Les jeunes gens et les jeunes filles resserrèrent leur cercle, car c'était là le préambule ordinaire. La mère Gotte était comme ces virtuoses qui aiment à se faire prier. Quand elle disait non, c'est que l'affaire était conclue.

Donc l'assistance prêta l'oreille, depuis le père et la mère jusqu'aux petits-enfants, en passant par les voisins et voisines de tout âge. Vous auriez été loin dans le Morbihan avant de trouver une femme ou un homme qui sût, comme la vieille Gotte, les histoires du temps passé.

Mais on avait beau prêter l'oreille, la vieille femme se taisait, laissant parler la voie aiguë et monotone de son rouet. Le cercle avide commençait à désespérer, lorsque l'aïeule, redressant tout à coup sa taille courbée, lâcha son fuseau, qui s'en alla pirouettant sur le sol.

— N'est-ce pas aujourd'hui le troisième jour de mai?... demanda-t-elle.

— Oui, bonne mère, lui fut-il répondu.

— Le troisième jour de mai est la fête des âmes..., murmura la centenaire, qui croisa ses mains sur ses genoux.

Le rouet ne grinçait plus, et c'était merveille, car le rouet de la mère Gotte avait coutume de grincer depuis l'aube jusqu'à l'heure du coucher.

— Catherine, ma petite fille, dit-elle encore après un silence, — ouvre les volets, que je voie le temps.

Les sabots de la petite Catherine tapotèrent le sol dur; la barre qui retenait les volets massifs bascula, et l'on put voir la campagne éclairée par un radieux clair de lune. C'était un paysage étrange, auquel la fenêtre cintrée et lézardée en plusieurs endroits faisait comme un cadre. On apercevait au loin des collines nues, où perçait, sous la bruyère, la tête blanche du roc. Plus près, c'étaient ces chênes *émondés*, à qui la taille périodique prête des formes monstrueuses et qui peuplent la nuit bretonne de leurs troncs difformes, cagneux et tout noirs.

Enfin, au premier plan, à deux ou trois cents pas de la ferme, c'était une tour en ruines, mais déchiquetée comme à plaisir, et que les rayons de la lune perçaient d'outre en outre.

Des dentelles de lierre se découpaient à l'entour et tranchaient sur le bleu argenté du ciel. Une nuée d'oiseaux nocturnes, effrayés par le bruit de la fenêtre, voletaient au-dessus des créneaux désemparés.

La vieille poussa un soupir et chercha le chapelet qui pendait à sa ceinture.

— C'est la fête des âmes..., répéta-t-elle, et ce fut ce jour-là qu'il trépassa !...

—Il s'appelait Jean Kerhor, reprit-elle en affermissant sa voix.—Il était comte, et sous le portail de la tour vous pourriez voir encore l'écusson sculpté dans la pierre, avec son lion qui lève une griffe menaçante, et sa couronne entourée de perles.

Il était puissant; tout ce que votre œil aperçoit, tout ce que la lune éclaire, la vallée et la montagne, c'était son domaine.

Son père et sa mère étaient de bons seigneurs qui craignaient Dieu. Il ne ressemblait point à son père ni à sa mère.

Écoutez : derrière cette tour il y avait un grand château, qui recevait le jour par trois cents fenêtres dont les vitraux brillaient comme ceux d'une cathédrale. Quand Jean Kerhor voulait avoir des convives, douze serviteurs montaient à cheval, et le soir la salle de ses festins était pleine.

J'ai vu cela, garçailles, et j'ai ouï le cor, au matin, quand il partait pour chasser le cerf dans la grande forêt de Paimpont.

Je suis resté bien longtemps sur la terre : jamais je n'ai vu d'homme si beau que Jean Kerhor, le comte. Plus d'une noble demoiselle se mourait de tristesse pour l'amour de lui.

Mais bien heureuses furent celles qu'il ne daigna point distinguer au milieu de leurs compagnes !

C'était un cœur de fer; son amour ressemblait à la foudre qui brûle et qui tue. Vassales et nobles filles tombaient sous son regard, comme les pauvres fleurs d'été qui s'inclinent sous le brûlant soleil.

Ah ! je vous le dis, bien des tombes furent creusées autour de l'église ! on mena bien des deuils avec le drap blanc semé de pleurs.

Et qu'elles étaient belles ! Madeleine, la fille du garde; Anna, l'enfant chérie du chevalier; Louise, la petite paysanne; Marguerite, la grande demoiselle, qui avait une dot de princesse.

Elles vinrent toutes au château, celles-là et bien d'autres dont j'ai oublié les noms; elles vinrent de leur plein gré, car il avait un charme dans les yeux, et quand il regardait une pauvre fille, la pauvre fille subjuguée courait après lui comme si elle eût été son ombre.

Elles vinrent ! Madeleine la première, puis Anna, puis Louise, puis Marguerite, puis toutes les autres, et quand elles quittèrent le manoir, ce fut pour descendre en terre.

Toutes ! Il était foulé le sentier qui conduisait du château au cimetière ! Et le comte Jean Kerhor donnait de grands festins où il invitait toute la contrée; c'étaient des chants joyeux, c'était une ivresse folle. Ceux qui passaient la nuit dans la vallée voyaient de loin le château qui brillait comme un incendie. L'orgie durait depuis le soir jusqu'au matin, et empêchait les pauvres mortes de dormir au fond de leur cercueil.

II.

Il y avait au bourg de Locmaria une fillette vouée à la Vierge sainte et qui s'appelait Marie; elle avait pour père un pauvre gentilhomme, qui labourait son champ comme un pauvre paysan. Marie avait la figure d'un ange; quand elle s'agenouillait sur la pierre de l'église et que ses beaux yeux bleus regardaient le ciel, vous auriez dit que l'auréole des prédestinés descendait sur son front.

Marie allait avoir seize ans; son père l'aimait tant, qu'il avait les larmes aux yeux chaque fois qu'il prononçait son nom.

C'était tout ce qu'il avait, ce vieil homme. Sa femme était morte, et les gens de justice lui avaient pris son héritage.

Mais n'était-ce pas assez d'avoir Marie, le beau trésor, l'ange de douceur et de piété?

Le gentilhomme n'allait à la tombe de sa femme défunte que pour lui parler de Marie; c'était pour Marie seulement que le gentilhomme regrettait sa fortune perdue, et quand Marie lui donnait son front à baiser, après le travail du jour, vous n'eussiez point trouvé dans tout le pays de Bretagne un père plus content que le pauvre gentilhomme.

Or, Jean Kerhor, le comte, en était à sa douzième femme, qui mourut comme les autres, à force de pleurer. Jean Kerhor ne portait pas longtemps le deuil de ses épouses.

Le lendemain du jour où la dernière avait rendu l'âme, Jean Kerhor vit Marie, la fille du pauvre gentilhomme.

C'était aux champs, derrière la lisière du bois de Locmaria, dans la plaine où les esprits ont aligné toutes ces grandes pierres. — Marie allait porter le repas de son père, qui travaillait sur ses guérets.

Quand elle aperçut Kerhor sur son grand cheval noir, elle sentit comme une haleine de feu qui lui soufflait au visage; son cœur eut le vertige; ses jambes tremblèrent. Elle fut obligée, la pauvre fillette, de s'asseoir sur l'herbe du fossé.

Kerhor descendit de cheval et s'en vint se mettre auprès d'elle.

Il lui dit :

— Je suis le seigneur de ce beau château, dont les fenêtres reluisent là-bas aux rayons du soleil. Si tu le veux, jeune fille, tu seras dame de Kerhor et maîtresse de ce manoir. Mille vassaux obéiront à tes moindres caprices, — et moi, je t'aimerai.

Jusqu'à ce dernier mot, Marie était restée muette ; à ce dernier mot, elle releva ses yeux humides, et Jean Kerhor, le comte, la prit entre ses bras.

Le charme avait opéré, Marie était esclave, comme toutes celles qui dormaient déjà sous la terre consacrée.

— Monseigneur, dit-elle pourtant, car elle aimait bien son vieux père, je vous demande un jour pour réfléchir.

Kerhor remonta sur son grand cheval noir, en disant :

— Demain, à pareille heure, je viendrai te chercher, ma fiancée.

III.

Marie était au château, Marie était seule et bien triste dans cette chambre où Madeleine et Anna, Louise, Marguerite et les autres avaient rendu le dernier soupir.

Durant la dernière nuit qu'elle avait passée chez son père, elle avait vu en songe des ombres pâles, qui s'étaient agenouillées autour de son lit, en murmurant : Prends garde !

Sans doute, les ombres de Marguerite et de Louise, d'Anna et de Madeleine.

Mais Marie n'écouta point la voix des mortes ; elle dit adieu au pauvre gentilhomme, qui n'avait qu'elle en ce monde. Elle vint au château de Kerhor, parce que le mal d'amour l'avait prise.

Une semaine ne s'était pas encore écoulée, que déjà ses beaux yeux étaient creusés par les larmes.

Kerhor la dédaignait, Kerhor l'outrageait et la frappait. Elle aimait, la douce martyre, elle baisait la main de son bourreau.

Un jour, on vint lui dire que son père était mort désespéré ; elle passa ce jour-là agenouillée dans la poussière de la chapelle, où personne ne venait plus adorer Dieu ; — mais quand la trompe annonça le retour de la chasse, elle courut au-devant de Kerhor.

Kerhor la repoussa, parce qu'il avait vu, ce jour-là même, une belle fille au bourg de Glenan.

Et il lui dit :

— Te voilà vieille... tu n'as plus de beauté... Agenouille-toi là, devant moi, pour délacer les lanières de mes guêtres !

C'était le premier jour de mai. Marie obéit à son seigneur, qui la montra au doigt à ses vassaux et à ses piqueurs, en disant :

— Voyez, cette femme est une servante !

Marie se redressa et répondit :

— Comme vous êtes mon seigneur, j'ai délacé les lanières de vos guêtres... Il n'y a qu'une chose qui déshonore la fille d'un gentilhomme, c'est de tirer les bottes de son époux.

— Vous savez cela, enfants, dit en s'interrompant la vieille femme, d'un air important et sérieux : — délacer les guêtres, ce n'est rien ; mais tirer les bottes d'un homme, voilà ce qu'une Bretonne ne fait jamais !

La partie féminine de l'assemblée approuva gravement du bonnet.

IV.

La nuit du troisième jour de mai, reprit la vieille femme, — les âmes de celles qui sont mortes soulèvent la pierre des tombes et reviennent visiter notre monde.

C'était le troisième jour de mai, vers le soir, et Jean Kerhor, le comte, avait fait préparer un grand festin. Il songeait toujours aux dernières paroles de sa femme, et il était impatient de voir à sa place, au château, la belle fille du bourg de Glenan.

Donc, quand tous les convives furent réunis dans la grande salle, il fit appeler Marie, et lui dit :

— Par le pouvoir que j'ai sur toi, ma femme, je t'ordonne de me débotter.

Il levait sa jambe chaussée de lourdes bottes au talon desquelles s'attachaient des éperons d'acier.

Marie regarda tous ces seigneurs qui l'entouraient, et ne vit point de pitié sur leurs visages déjà rougis par le vin.

Elle cacha sa tête entre ses belles mains blanches, et se prit à pleurer.

— Mon père, murmura-t-elle, ayez pitié de moi !

— Allons ! fit Kerhor en fronçant le sourcil, je suis le maître dans ma maison, et ceux qui me désobéissent sont punis de mort.

Marie découvrit son visage baigné de larmes.

— Tuez-moi donc, monseigneur, murmura-t-elle, car je suis noble et je suis Bretonne : je ne peux pas vous obéir.

Enfants, s'interrompit ici la vieille femme, dont les joues pâles se colorèrent, — Kerhor était un démon !

Kerhor tendit sa botte à un valet, qui le déchaussa.

Puis, la saisissant à deux mains, Kerhor asséna un coup violent sur la tête de Marie, qui tomba, la tempe percée par l'éperon d'acier.

Elle eut le temps de murmurer encore : Mon père ! mon père !
Puis elle ne respira plus.

Tous ceux qui étaient là purent voir une tête pâle se dresser derrière Kerhor, une tête de vieillard, avec une longue barbe blanche.

Tous ceux qui étaient là reconnurent le pauvre gentilhomme, père de Marie, qui venait à l'appel de son enfant.

Les deux mains du vieillard semblèrent peser sur le crâne de Kerhor, et Kerhor si robuste, le roi des chasseurs et des guerriers, s'affaissa sur lui-même, frappé d'un coup de sang.

Il était mort, auprès de sa femme morte.

V.

La nuit était venue, la nuit du troisième jour de mai.

Elles planaient dans les airs, autour de leur ancienne demeure, les âmes d'Anna et de Madeleine, de Louise et de Marguerite; leurs gémissants murmures emplissaient les ténèbres, et ces murmures disaient le nom de Kerhor, leur implacable bourreau !

Tout à coup une autre âme passa au milieu d'elles, blanche comme une colombe sans tache; elles la saluèrent du nom de sœur. — C'était l'âme de Marie, qui s'en allait au ciel.

Et tandis qu'elles l'arrêtaient un instant dans son vol, un nuage noir passa au-dessus du château, et la foudre éclata, rasant l'antique demeure.

Parmi les flammes et le grand tumulte, une âme, plus noire que le visage de Satan, s'élança hors du château. — C'était Jean Kerhor, le comte, qui venait de mourir.

Alors ce fut une joie étrange parmi toutes ces victimes qui l'attendaient et qui le reconnurent.

Cet essaim de pauvres filles assassinées se pressa en tumulte autour du comte décédé.

Le murmure grandit, et l'on eût pu entendre, dans le vent qui passait :
— A l'enfer ! à l'enfer !

Dieu sait que l'âme de Kerhor n'avait guère besoin d'aide pour tomber comme un plomb tout au fond de l'enfer.

Mais comme elles s'acharnaient, les âmes vengeresses, contre le réprouvé, une autre voix, plus douce que la musique céleste, parla de miséricorde.

C'était l'âme de Marie, qui gardait l'amour immortel.

Mes enfants, elle était seule contre toutes. Mais Louise et Madeleine, mais

Anna et Marguerite avaient été surprises par la dernière heure; chacune d'elles portait bien quelque petit péché sur sa conscience, tandis que Marie, la sainte, n'avait pas une souillure à sa robe nuptiale.

Marie était, à elle seule, aussi forte que toutes les autres ensemble.

Et les voilà qui s'envolent, ces âmes, franchissant l'espace, les unes tirant vers le lieu de l'éternel supplice, et Marie, toute seule, essayant d'entraîner vers le ciel l'âme coupable de son époux.

Comme elles ne gagnaient rien les unes sur les autres, elles n'allaient ni vers l'enfer ni vers le paradis.

Mais entre le paradis et l'enfer, il y a le purgatoire. A la porte du purgatoire un ange veille, et l'ange dit:

—Ces deux âmes ne sont pas pour moi: l'une est damnée, l'autre est élue.

A quoi Marie répliqua:

— Ouvrez, bon ange, et recevez-nous tous les deux...

—Enfants, ajouta la bonne femme,—prenez du froment qui est blanc et du sarrasin qui est noir, vous ferez du pain bis, ni noir ni blanc. La sainte et le damné furent reçus au purgatoire.

VI.

L'horloge lointaine du bourg de Saint-Vincent sonna, je ne sais plus quelle heure, minuit peut-être, si l'horloge savait son métier;—des nuages légers passaient au ciel; la lune se cachait derrière la grande tour noire, dentelée et déchiquetée.

La brise qui se levait chantait dans les saules du patis.

La mère Gotte étendit sa main maigre vers la tour et secoua lentement la tête.

Il n'y eut pas un gars et pas une fille qui ne crût voir en ce moment glisser autour des créneaux, comme de blanches vapeurs, les âmes des épouses de Kerhor.

Puis le rouet tourna de nouveau en grinçant, et la petite Catherine, toute tremblante, alla fermer les volets, pour ne plus voir et pour ne plus entendre Anna, Madeleine, Louise, Marguerite et Marie, qui passaient et qui pleuraient au dehors dans le brouillard de minuit.

PAUL FÉVAL.

LE ROI DES AUNES.

IMITÉ D'UNE BALLADE DE GŒTHE.

—

LÉGENDE.

Sous cet ombrage épais, qui voyage à cette heure?
Dans les arbres le vent tristement siffle et pleure;
D'un instinctif effroi le cœur est pénétré.
Pourtant, dans la forêt un cheval est entré,
Emportant dans sa course un enfant et son père.
Ses pas précipités résonnent sur la terre :
Car il est déjà tard; et, vêtus pauvrement,
Les voyageurs ont froid sous l'haleine du vent.
Et puis, c'est à minuit que dansent les fantômes,
Les lutins, les esprits, les sylphes et les gnômes :
Or, l'ombre est bien épaisse; il est bientôt minuit;
Au ciel brumeux et sombre aucun astre ne luit.
L'enfant pleure; il a froid; son père en vain l'embrasse,
Sur son cœur le réchauffe et dans ses bras l'enlace;
Car il est tout saisi d'un vague frayeur,
Et dans les yeux il a des larmes de terreur.

LE PÈRE.

Qu'as-tu, mon fils? Pourquoi caches-tu ton visage?

L'ENFANT.

Le roi des Aunes, père!

LE PÈRE.

         Enfant! c'est un nuage
Qui passe sur ta tête, emporté par le vent.

L'ENFANT.

Non! Je vois sa couronne et son grand manteau blanc.

LE ROI DES AUNES.

O doux enfant! quitte la terre,
Viens avec moi, car tu me plais;
Tout ici-bas n'est que misère;
Oh! viens! suis-moi dans mon palais.
Je t'aime, enfant! Et je te donne,

S'il te les faut pour être heureux,
Tous mes joyaux et ma couronne;
Et puis, je sais de bien beaux jeux,
Nous y jouerons sur le rivage
Vert et fleuri d'un lac charmant,
Dont l'eau jamais, au vent d'orage,
Ne se soulève en bouillonnant.
Tu trouveras, toute l'année,
Sur ses bords de charmantes fleurs,
Dont nulle jamais n'est fanée;
Elles ont de riches couleurs
Et des parfums dont votre terre
Est ignorante pour toujours.
Viens donc, enfant! Près de ma mère
Tu couleras de si beaux jours!
Elle est bonne; et ses vêtements
Sont d'or, ornés de pierreries.
Oui! ses atours sont plus brillants
Que toutes les fleurs des prairies.

L'ENFANT.

Le roi des Aunes parle. O père! j'ai bien peur;
L'entends-tu murmurer un chant plein de douceur,
Qui m'effraye, et pourtant que màlgré moi j'écoute?

LE PÈRE.

Je n'entends murmurer, sous cette sombre voûte,
Dans les feuilles séchées, que les brises du soir.
Paix! notre seuil est proche. Enfant! nous allons voir,
En sortant de ce bois, notre pauvre chaumière,
Où tu te calmeras aux baisers de ta mère.

LE ROI DES AUNES.

Veux-tu venir, ô doux enfant!
Tu verras mes filles charmantes,
Qui sont tristes en t'attendant;
Elles ont des voix enivrantes
Et savent des refrains bien doux.
Viens donc, enfant! viens les entendre,
Tu seras heureux avec nous;
Elles diront, d'une voix tendre,

Tout en berçant ton pur sommeil,
Des chants pour embellir ton rêve
Et pour égayer ton réveil.
Oh! dis! veux-tu que je t'enlève?

L'ENFANT.

Oh! je sens son haleine; il approche en glissant,
Comme un sylphe porté sur les ailes du vent.
Ne le vois-tu donc pas dans ce passage sombre?

LE PÈRE.

Non! je regarde en vain, et je ne vois dans l'ombre
Que des aunes formant de ténébreux arceaux,
Et de vieux saules gris qui penchent leurs rameaux.

LE ROI DES AUNES.

Enfant, ton visage m'attire;
Je t'aime, et veux toujours te voir
Auprès de moi, dans mon empire,
Où tu vas t'endormir ce soir.

Oui! dès ce soir : car je le veux;
Ta vue, enfant! sera ma joie,
Tout mon bonheur, et tu ne peux
M'échapper, faible et douce proie;
De moi rien ne peut te sauver;
Loin de moi tu ne peux plus vivre;
De force je vais t'enlever,
Si tu refuses de me suivre.

L'ENFANT.

Il me prend dans ses bras, père! Adieu pour toujours!
Il me fait bien du mal; père! père! au secours!

Le pauvre homme effrayé presse encor sa monture.
L'enfant ne parle plus; mais un léger murmure
Sort de sa bouche et semble un sourd gémissement,
Un sanglot étouffé, le râle d'un mourant.
Le père sur son cœur prend son fils et le presse,
Voulant le ranimer d'une douce caresse.
Vaine espérance, hélas! Epouvantable sort!
Quand le père arriva, son enfant était mort.

DUPERCHE DE SAINT-DENIS.

Alençon, 28 avril 1848.

LE PÈRE CAMELLI.

Le camellia, proprement dit, est une des plus belles conquêtes de l'horticulture. Il a été importé du Japon en 1739, par le père Camelli, jésuite, et c'est Linné, le célèbre botaniste suédois, qui le premier lui donna le nom de *Camellia Japonica* — (Camellia rouge à fleur simple). — Cette dénomination rappelle à la fois l'origine de la plante et le nom de son introducteur en Europe.

Le type primitif, tel qu'il fut importé, provoqua dès son apparition une admiration que sa beauté, l'éclat de ses couleurs, son port et son feuillage, rendaient légitime.

Mais avant qu'il fût mis dans la circulation, il donna lieu à une petite aventure, que nous voulons raconter à nos lecteurs.

Il y avait une année environ que le père Camelli était de retour en Angleterre; il avait pris à Oxford un petit appartement qui se composait de quelques pièces seulement, mais derrière lequel s'ouvrait un immense jardin où toutes les splendeurs de l'horticulture avaient été prodiguées.

Comme tous les horticulteurs, le père Camelli était avare de ses trésors, et il avait fait construire, à l'extrémité même du jardin, une charmante serre où il enfermait toutes les fleurs rares qu'il voulait dérober aux regards profanes !

On comprend que les camellias s'y trouvaient en majorité.

Il y en avait à profusion et bon nombre de variétés : les unes blanches, les autres panachées, celles-ci d'un rouge vif, celles-là plus pâles et d'un éclat plus tendre.

Le père Camelli passait dans sa serre une bonne partie de ses journées, et ce n'était qu'à regret que chaque soir il se voyait contraint de s'en éloigner.

Le bon jésuite avait près de lui une nièce, laquelle était à peine âgée de seize ans, mais dont l'esprit était déjà fort éveillé.

C'était une petite fille vive, alerte, à l'œil mutin, qui craignait un peu plus son oncle que le diable, mais qui aimait encore plus son frère qu'elle ne craignait son oncle.

Or, ce frère, Georges Chandos, étudiant à l'université d'Oxford, était bon et affectueux aussi pour sa chère petite Nelly ; du reste très-mauvais sujet, comme le comportaient son âge et sa qualité d'étudiant.

Chassé de chez son oncle Camelli pour ses fautes de jeunesse, il était venu se loger le plus près possible de cette maison pour apercevoir toujours Nelly.

Mais un abîme ne les séparait pas moins, et c'est tout au plus si, pour se consoler, ils pouvaient de temps à autre s'envoyer un signe amical ou se serrer la main, le soir, dans l'ombre.

Chandos faisait sa philosophie à Oxford, cela ne lui apprenait pas à se résigner à son sort de proscrit ; au contraire, il maudissait vingt fois par jour la sévérité du père Camelli.

Nelly, de son côté, n'était guère plus patiente; mais douée d'une imagination plus vive, elle s'était mise à chercher le moyen de vaincre les obstacles et de forcer son oncle à pardonner au coupable.

Au bout de quelques jours, elle crut avoir trouvé !

Un matin donc, le père Camelli venait d'entrer dans sa serre, quand au moment d'en refermer la porte, il s'arrêta stupéfait, pâlit affreusement et poussa un cri terrible, qui dut être entendu à l'autre extrémité du jardin.

Nelly accourut en toute hâte.

—Mon oncle ! mon oncle ! s'écria-t-elle avec une feinte épouvante, qu'est-ce ? qu'y a-t-il? que vous est-il arrivé ?...

— Je suis mort ! balbutia le bon jésuite, en passant la main sur son front.

— Mon oncle !

— Ils m'ont volé !

— Quoi?

— Mes fleurs... mes pauvres fleurs !... mes enfants, mes filles chéries!... Oh! Nelly, ils m'ont tué !...

Et comme la jeune fille ne répondait pas, il la prit vivement par le bras et la conduisit vers un endroit où l'on distinguait bon nombre de vides.

— Là! dit-il d'une voix brisée, là, il y en avait une, c'était la plus belle, la plus chèrement aimée... Elle était pâle; sa tête penchait languissamment, on eût dit un enfant qu'un mal secret tourmente ; depuis quelques jours j'en prenais un soin particulier ; elle commençait à renaître à la vie, ses pétales s'ouvraient timidement, un suave parfum s'exhalait de son sein. — Ils l'ont prise ! — Plus loin, c'était sa sœur aînée, plus éclatante, plus élancée; un vif incarnat colorait le tissu transparent de sa fleur ; elle avait mille grâces touchantes. — Qu'en ont-ils fait?... — Celle qui occupait cette place portait de brillants panaches dont elle semblait être fière... C'était la reine de mes fleurs, et elle attirait tout d'abord le regard... Oh ! Nelly ! ces hommes ont été impitoyables, car je n'y survivrai pas... j'en mourrai !...

Un fin sourire vint en ce moment plisser la lèvre de la charmante fille, et elle leva vers son oncle deux yeux, où éclatait une vive satisfaction :

— Mon bon oncle, dit-elle alors d'une voix qui tremblait d'émotion, il ne faut pas prendre tant de chagrin d'un malheur qui, après tout, est peut-être réparable.

— Jamais ! jamais !

— Ces fleurs peuvent se retrouver.

— Elles seront vendues à d'autres...

— Cela dépendra de vous cependant !

— Qu'en sais-tu ?

— Je vous l'affirme.

— Tu connais donc le voleur ?

— Peut-être...

— Qu'est-ce que cela signifie ?

Nelly, prenant courage, passa son bras sous celui du révérend père, et s'y laissa gracieusement suspendre :

— Mon bon petit oncle, dit-elle doucement, s'il y a un coupable dans cette affaire, je dois vous avouer qu'il n'est pas bien loin.

— C'est toi, peut-être ! s'écria le malheureux jésuite.

— Précisément.

— Et tu oses le dire, ainsi, devant moi !

— J'ajouterai même, poursuivit Nelly, que les fleurs sont en ce moment confiées à des mains sûres, et qu'elles ne vous seront remises que lorsque je le voudrai bien.

— Mais quel est le but de cette comédie ? dit le vieillard éperdu.

— Il est simple, mon oncle. Mon bon frère Georges Chandos et moi nous étions très-heureux de vivre l'un près de l'autre... Vous nous avez séparés...

— Eh bien ?

— Nous souffrons de ne plus nous voir, comme vous souffrez de l'absence de vos fleurs...; je vous rendrai vos fleurs quand vous nous aurez rendu notre bonheur.

Le père Camelli aurait pardonné à dix neveux plutôt que de renoncer à ses camellias ; il consentit à tout ; et l'enfant prodigue revint au logis.

Nelly tint de même sa parole : les fleurs furent rendues dans toute leur fraîcheur. On dit même que le père Camelli les trouva plus belles que jamais.

C'était peut-être que l'absence lui faisait mieux sentir le plaisir de les revoir.

C'était peut-être qu'il venait de faire une bonne œuvre !

Juliette Vernier

MARIE A SON PÈRE.

Cher papa, quand je compterai
Parmi les grandes demoiselles,
De ma main je couronnerai
Votre front des fleurs les plus belles ;
Mais en vain, aujourd'hui, pour un si doux emploi
Sur mes petits pieds je me dresse ;
Je resterai dans la détresse
Si vous ne le daignez abaisser jusqu'à moi,
En m'embrassant avec tendresse.

A. D'O.

HISTOIRE NATURELLE.

—

LE PETIT BUFFON HISTORIQUE ET AMUSANT.

Au nom seul de Buffon, on comprend qu'il s'agit d'histoire naturelle.

Cette science est un sentier peu battu, parce que la voie y est souvent semée de ronces et d'épines.

Bien des mots passent dans notre mémoire ; mais ils s'y arrêtent aussi peu que l'eau dans le tonneau des Danaïdes.

Il faut donc trouver un moyen de faire relire ce qu'on a lu, et apprendre ce qu'on ne sait pas. Ce moyen, nous le donnons à nos lecteurs, dans le *petit Buffon historique et amusant.*

Nous prendrons, alternativement, un être de toutes les espèces parmi les animaux de tout genre, les fleurs et les plantes. Nous indiquerons, dans un rapide exposé, leur classification, leur famille : ce sera le travail sérieux ; mais il deviendra bientôt amusant par le récit, qui le suivra, des faits historiques dans lesquels ces êtres auront joué un certain rôle. Nous espérons que ce travail, d'un genre tout nouveau, sera goûté de nos lecteurs, et amusera certainement leur jeune et studieuse famille.

HISTOIRE NATURELLE. — ZOOLOGIE.

Le Cheval.

Le cheval, le plus beau, le plus noble et le plus important de nos animaux domestiques, fait partie de la famille des *Solipèdes*, c'est-à-dire des animaux qui se distinguent par leur pied garni d'un sabot unique.

Le cheval paraît être originaire de l'Asie ; on le rencontre encore à l'état sauvage dans les steppes de la Tartarie. Dans cet état, les chevaux vivent en grandes troupes ; ils sont dirigés par un chef, qui marche toujours le premier dans les voyages comme dans les combats.

SOUVENIRS HISTORIQUES. — TRAITS DANS LESQUELS FIGURE LE CHEVAL.

Le cheval de Darius.

Sitôt après la mort du faux Smerdis, les conjurés, parmi lesquels se trouvait Darius, fils d'Hystaspe, résolurent d'élire un roi. Ils convinrent que le sceptre appartiendrait à celui dont le cheval hennirait le premier, au lever du soleil, à l'endroit fixé pour ce rendez-vous solennel. L'écuyer de Darius y mena la veille la compagne du coursier de son maître. Le lendemain, le cheval de Darius, à peine arrivé à l'endroit désigné, se mit à hennir, comme pour appeler sa compagne, et Darius fut proclamé roi.

Bucéphale dompté.

On avait amené de Thessalie, pour Philippe, roi de Macédoine, un superbe cheval de bataille. Personne ne pouvait le monter, tant il était ombrageux et terrible. Alexandre, qui fut plus tard Alexandre le Grand, voulut soumettre cet animal. Il s'approche doucement de *Bucéphale* (c'était le nom du noble coursier), prit les rênes, le caressa de la main, et, le voyant plus calme, il s'élança sur lui, et fournit une longue carrière avec la vitesse du vent. Il ramena tout dompté l'animal qu'on croyait indomptable. « Mon fils, lui dit alors Philippe, cherche un autre royaume plus digne de toi, la Macédoine ne te suffit pas. »

Ulysse et le Cheval de Bois.

Déjà dix années s'étaient écoulées, et Troie, défendue par les héros qu'elle renfermait, résistait encore.

Ulysse, roi d'Ithaque, imagina un stratagème dont les Troyens devaient être victimes. Il réussit, par mille artifices, à introduire dans la ville un cheval de bois, qui, sous la protection de Minerve, devait la rendre imprenable. Caché, avec ses soldats, dans les flancs de cet animal, il en sortit pendant la nuit, mit le feu à la ville et en ouvrit les portes. Tel est le récit fabuleux dont la poésie a orné la prise de Troie.

Le cheval de Caligula.

Caligula était fils de Germanicus, mais n'imita nullement ses vertus. Ce fut ce prince qui prononça ces abominables paroles : « Plût aux dieux que Rome n'eût qu'une seule tête, afin que je pusse l'abattre d'un seul coup! » Il poussa l'extravagance jusqu'à donner à son cheval un palais magnifique. Il le faisait manger à sa table, et avait même résolu de le nommer consul.

Le cheval aux deux maîtres.

On raconte qu'un voyageur espagnol rencontra un Indien au milieu d'un désert. Ils étaient tous deux à cheval; l'Espagnol, qui craignait que le sien ne pût faire la route, parce qu'il était très-mauvais, demanda à l'Indien, qui en avait un jeune et vigoureux, de faire un échange; celui-ci refusa, comme de raison. L'Espagnol lui cherche alors une mauvaise querelle, ils en viennent aux mains; mais l'Andalou, bien armé, se saisit facilement du cheval qu'il désirait, et continue sa route. L'Indien le suit jusque dans la ville prochaine, et va porter ses plaintes au juge : l'Espagnol est obligé de comparaître et d'amener le cheval; il traite l'Indien de fourbe, assurant que le cheval lui appartient, et qu'il l'a élevé tout jeune.

Il n'y avait point de preuve du contraire, et le juge, indécis, allait renvoyer les plaideurs hors de cour et de procès, lorsque l'Indien s'écria : « Le cheval est à moi, et je le prouve. » Il ôte aussitôt son manteau, en couvre subitement la tête de l'animal, et s'adressant au juge : « Puisque cet homme assure avoir élevé ce cheval, commandez-lui de dire duquel des deux yeux il est borgne. » L'Espagnol ne veut point paraître hésiter, et répond à

l'instant : « De l'œil droit. » Alors l'Indien, découvrant la tête du cheval :
« Il n'est borgne, dit-il, ni de l'œil droit, ni de l'œil gauche. » Le juge,
convaincu par une preuve si ingénieuse et si forte, lui adjugea le cheval,
et l'affaire fut terminée.

La vente du cheval, ou punition des chevaliers romains.

On regardait, chez les Romains, la privation du cheval comme une peine
infamante pour les sénateurs et les chevaliers. Au commencement du sixième
siècle, quatre cents chevaliers, commandés en Sicile pour aller creuser un
retranchement, s'y étant refusés, furent privés de leur cheval, et durent
eux-mêmes en faire la vente.

Le cheval devait être l'objet de soins minutieux. Les censeurs les passaient en revue et se montraient fort sévères. Scipion Nasica, passant la
revue des chevaliers, en remarqua un dont le cheval était maigre et chétif,
tandis que l'homme était gras et brillant de santé. « Pourquoi, lui dit-il,
avez-vous si bonne mine et votre cheval est-il en si pauvre état ? — Parce
que, répondit le chevalier, je me soigne moi-même, et que mon esclave
soigne mon cheval. » Cette réponse fut sa condamnation, et le chevalier fut
rejeté dans une classe inférieure.

La cavale et le chevalier félon.

En France, comme à Rome, la chevalerie fut d'abord un ordre tout militaire, qui formait la cavalerie des armées. L'Etat fournissait le cheval et
la somme nécessaire pour l'entretenir. La dégradation du chevalier félon
était affreuse : on le faisait monter sur un échafaud, on y brisait sous ses
yeux les pièces de son armure ; son écu, le blason effacé, était attaché et
traîné à la queue d'une cavale ; le héraut d'armes accablait d'injures l'ignoble chevalier.

Après avoir répété les vigiles funèbres, le clergé prononçait les malédictions du psaume 108. Trois fois on demandait le nom du dégradé, trois fois
le héraut d'armes répondait qu'il ignorait ce nom, et n'avait devant lui
qu'un *foi-mentie;* on répandait alors sur la tête du patient un bassin d'eau
chaude ; on le tirait en bas de l'échafaud par une corde ; il était mis sur une
civière, transporté à l'église, couvert d'un drap mortuaire, et les prêtres
psalmodiaient sur lui les prières des morts.

Les trois queues de cheval, ou pacha à trois queues.

Certains officiers de l'empire ottoman ont le droit de faire porter devant eux un grand bâton, au bout duquel sont attachées trois queues de chevaux.

Cette enseigne militaire tire son origine d'un général turc, lequel, voulant rallier ses soldats, qui avaient perdu leurs drapeaux, s'avisa de couper la queue d'un cheval et de la placer au bout d'une lance. A ce singulier signal, les troupes se réunirent, reprirent courage et remportèrent la victoire.

Bonaparte et le cheval fougueux.

Après le traité de Campo-Formio, Bonaparte désira faire la connaissance du peintre David. L'entrevue eut lieu, et il fut question de faire le portrait du général. David lui dit alors : « Je vous peindrai l'épée à la main, sur le champ de bataille. » Bonaparte répondit : « Ce n'est plus avec l'épée qu'on gagne des batailles. Je veux être peint calme sur *un cheval fougueux*. » Le tableau fut exécuté, et le héros est peint, comme il avait voulu l'être, calme, sur un cheval fougueux, gravissant le mont Saint-Bernard.

On ne pourrait tarir sur les faits nombreux dans lesquels se mêle le cheval, cet animal qui devient le compagnon de l'homme, qui s'identifie presque avec celui qui le dirige ; mais l'espace nous manque pour parler de Xanthus, ce noble coursier qui prédit à Achille qu'il mourrait devant Troie ; de Pégase, qui transporte au sommet de l'Olympe les poëtes aimés des dieux. Nous, qui ne pouvons gravir ce mont sacré, nous nous bornerons à répandre, autant que possible, le désir de l'instruction, en la mettant à la portée de nos jeunes lecteurs.　　Mᵐᵉ FERDINAND MARIE.

(La suite au prochain numéro.)

MODES.

Vous aviez peut-être cru, chères lectrices, que l'année dans laquelle nous entrons laisserait, en raison des questions graves qui devaient l'agiter, peu de temps à donner à la mode, et vous en aviez gémi tout bas ; mais comme l'homme propose seulement, Dieu a disposé, et à l'heure où j'écris ces lignes bien des gémissements se sont changés en joie, et je sais une foule de personnes qui dansent et s'amusent avec d'autant plus d'ardeur qu'elles y avaient presque renoncé.

Donc, vous vous étiez trompées, et en 1852 on fera beaucoup de toilette et on s'amusera beaucoup.

Samedi dernier, j'ai pu admirer dans les salons de Mme de C... toutes les bizarreries gracieuses et élégantes de la mode; la mode, ce mot, qu'on ne comprend vraiment bien qu'en France, où la moitié de la vie d'une femme se passe au milieu des fleurs, des rubans, des dentelles, des bijoux, etc., si bien que, lorsque arrive pour elle l'âge où il n'est plus de bon goût de s'occuper de chiffons, si elle les quitte à regret, elle se retrouve encore heureuse d'utiliser ses créations en présidant à la parure de ses filles.

Les vêtements de cette année vont à ravir. Les redingotes à revers ont un plein succès, et c'est justice... Quoi de plus joli, en effet, que ces corsages de moire, de satin, souvent même de velours, laissant voir un délicieux gilet de piqué blanc, garni de boutons d'or ou de pierreries assorties à la couleur de la robe? C'est d'un goût charmant et d'une élégance coquette. Tout le monde ne portera pas de gilet, les élégantes seules s'en pareront; mais pour les personnes qui voudraient avoir la robe à revers, elles pourraient la mettre avec un joli fichu de dentelle plissé sur le devant et garni de petits boutons. Ceci est plus simple et peut être même mieux porté que le gilet.

J'ai vu beaucoup de robes à basques, et je dois dire qu'elles m'ont paru préférables aux robes à gilet pour les jeunes filles; elles avantagent extrêmement la taille. Ces basques sont coupées de différentes manières : parfois elles sont ajoutées au corsage, parfaitement arrondies avec la taille et forment derrière de gros plis sur lesquels on pose de jolis boutons; d'autres fois elles tiennent à même la robe et sont gracieusement échancrées.

Les manches se portent très-larges et découpées en basquines; elles suivent en tout point la garniture du corsage.

Le velours est toujours l'ornement préféré. Un satin ou une étoffe de soie épaisse est très-richement ornée avec un large velours; une étoffe légère est plus joliment arrangée avec quelques rangs de petits velours.

On garnit aussi le devant des robes avec des nœuds; c'est très-simple et de fort bon goût.

Les toilettes de bal sont très-brillantes. Les robes se font toujours à pointes et décolletées, les manches très-courtes et peu garnies. Les corsages Louis XV sont encore les préférés. Il n'est pas étonnant qu'ils conservent leur vogue si longtemps, parce que, en vérité, nous ne saurions remplacer par aucune parure celle qui fut l'ornement de la cour de Versailles, où, chacun le sait, les femmes rivalisaient d'élégance, de grâce et de beauté.

On porte des robes de taffetas recouvertes de dentelles et de rubans. On ne saurait assez répéter que la dentelle est la seule et véritable parure d'une femme ; elle rehausse sa beauté, et sait prendre, pour l'embellir, des changements inimaginables : c'est ainsi qu'elle se transforme, selon les caprices, en malines, bruxelles, angleterre, etc.

Pour les jeunes filles, les robes de taffetas avec plusieurs volants garnis de petits rubans d'or ou d'argent, mêlés avec la nuance de la robe, sont très-bien portées. On fait la coiffure avec le même ruban ; on le dispose en touffes très-abondantes, qu'on place assez en arrière. C'est la plus jolie chose qu'on ait inventée pour les jeunes personnes.

Les grands nœuds de velours, tombant presque jusqu'à la ceinture, sont aussi d'un très-bon goût.

Le talma est de rigueur cet hiver ; il se fait de différentes couleurs ; on le garnit de galon, de velours, de soutache, et quelquefois encore d'un large ruban moiré. On en voit de brodés avec des lacets ; c'est très-riche et très-bien pour les demi-toilettes, mais pour les toilettes habillées, le paletot de velours, garni de dentelles ou de fourrure, sera toujours plus élégant.

Les dentelles de point de Venise brodées de jais ont beaucoup de vogue. Les femmes élégantes portent des robes de velours avec la veste pareille, très-courte, et couverte de cette dentelle ; c'est d'un très-bon effet.

Mais parlons des chapeaux, le point important de la parure de ville et celui qui laisse le plus souvent dans l'incertitude.

Mme Barenne a fait, cette année, des capotes de satin bleu foncé avec des fonds mous, parsemés de jais et ayant sous la passe la même garniture très-tombante. J'ai vu, chez elle aussi, une capote rose, moitié crêpe et moitié satin ; la passe entière était couverte d'une guirlande de liserons de même couleur qui tournait autour du fond, et le dessous était orné des mêmes fleurs : c'était d'une fraîcheur remarquable, et je ne doute pas que ce délicieux chapeau ne soit fort goûté des jeunes Parisiennes.

Mais je vois des yeux qui me lisent avec avidité et se demandent si je ne leur parlerai pas du bonnet, l'achèvement de la toilette et pour ainsi dire la dernière fleur posée à la couronne ; et c'est une si grande vérité, que je ne connais pas une femme, quelque jeune et quelque élégante qu'elle soit, qui voudrait se passer d'une de ces délicieuses petites coiffures. Aussi, pour vous aider à les composer, je viens vous donner les détails que j'ai recueillis à ce sujet.

Le bonnet Watteau se fait le plus souvent en blonde, garni d'une rose rose ou blanche, d'un côté, et ayant de l'autre des flots de ruban bleu ou rose. Les brides doivent être extrêmement longues et posées très en arrière. Il va sans dire que c'est la dernière mode. On en fait aussi de plus simples et qui sont charmants : ils sont en dentelle, garnis avec des rubans de deux couleurs. Je vous recommanderai pour cela le rose et le bleu.

Mais nous nous sommes assez occupées de la tête, parlons un peu du pied. Les bottines sont toujours assorties à la couleur de la robe; cependant, un brodequin noir bien fait est toujours distingué.

Les souliers avec des nœuds se portent beaucoup cet hiver; néanmoins, un grand nombre de femmes donnent encore la préférence au simple soulier de satin noir ou blanc.

Les toilettes d'enfants sont un diminutif des nôtres : les petites filles portent des robes à basquines, des corsages carrés sous lesquels on met un joli fichu, soit en mousseline, soit en jaconas. Les jupes se portent très-courtes et laissent voir la broderie du pantalon qui ne saurait se dispenser d'être brodé.

Les capotes en velours ou en satin sont très à la mode pour ces gracieux petits personnages.

Quant aux garçons, leur mise est à peu près la même. Les blouses, fermées sur le côté, sont ce qu'il y a de plus commode : celles en drap bleu, garnies de lacets noirs, sont de très-bon goût; mais la blouse de velours sera toujours la plus distinguée. Les petites vestes leur vont aussi très-bien.

Tous ces détails ne conviennent qu'aux enfants de trois à huit ans. Il nous reste encore à parler des babies, que je ne saurais passer sous silence.

Les robes longues de jaconas, couvertes avec de fines broderies anglaises qui forment le tablier, vont très-bien pour le premier âge.

Les pelisses se font en cachemire, avec des revers de satin piqué. Le blanc est préférable pour les petites filles.

Les bonnets d'enfants sont très-garnis de rubans et de dentelles, principalement sur le front.

Je crois, chères lectrices, que ces détails vous suffiront d'ici au mois prochain, et je vous promets, pendant ce temps, de ne négliger aucune occcasion qui puisse me mettre à même de vous donner de nouvelles indications.

Rosa du Sablen.

ÉCONOMIE DOMESTIQUE.

CONSERVATION DES FRUITS ENTIERS. — Il suffit de placer les fruits dans une barrique bien bouchée ; de mettre cette barrique dans un tonneau plus grand et de remplir d'eau l'intervalle. Les fruits se conservent parfaitement et peuvent être transportés au loin, sans éprouver la moinde altération.

MOYEN DE NETTOYER LES BIJOUX EN OR. — On sait qu'il entre dans leur composition une quantité plus ou moins grande de cuivre, et que les bijoux se ternissent plus promptement, en raison de la plus grande proportion de cuivre qui s'y trouve alliée ; il sera donc facile de leur donner plus d'éclat en faisant disparaître le cuivre qui, se trouvant à leur surface, leur donne une teinte désagréable. Il suffit de faire bouillir ces objets dans un litre d'eau où l'on aura mis 2 onces de sel ammoniac. L'or qui recouvre seul la surface, après cette opération, leur donne l'éclat qu'a ce métal lorsqu'il est sans alliage.

P.   Z.

LOGOGRIPHE.

Sur mes huit pieds, jadis, pour racheter le monde,
Jésus-Christ de sa vie, en résultats féconde,
Faisait le sacrifice. — Assis sur un cheval,
De même sur huit pieds, je sais, avec adresse,
      Agilité, souplesse,
Régler les mouvements du fougueux animal. —
Une lettre de moins, je suis le mal vivace
Qui des fils d'Israël stigmatise la race. —
Sur six pieds, cherchez bien : vous verrez un guerrier
Qui laissait, à Vouillé, sa vie et la victoire
      Après un combat meurtrier ; —
Une belle jument ; — la veine grosse et noire,
    Qu'on craint de voir se rompre à tout moment ; —

Puis encor le dommage
Qu'après un long voyage
Eprouve le navire ou bien son chargement. —
Sur cinq pieds, on peut voir encore
Un papillon à son aurore; —
Un bourg de Corse, — un concurrent; —
Le pauvre Harpagon que dévore
La soif de l'or et de l'argent; —
Ce qui nous fait perdre une dent; —
Un mois, — un métal, — un volume, —
Le blanc crayon qui sert de plume
Au maître devant son tableau, —
Et l'orgueilleux qui dans l'espace
S'aventurait avec audace
Quand la mer devint son tombeau.
Je suis, sur quatre pieds, le bord d'une rivière, —
Ou le chemin étroit coupé dans la forêt. —
Voyez ce chevalier qui, la lance en arrêt,
Attend, impatient, qu'on ouvre la barrière :
Il mesure des yeux le terrain du combat. —
Mais qui donc, sur ce champ de foire,
Trébuche, chancelle et s'abat?
C'est un homme qui vient de boire. —
J'offre encore, à qui veut chercher,
Une ville de Normandie, —
L'alvéole où va se nicher,
En hiver, l'abeille engourdie; —
Le lieu le plus bas d'un vaisseau; —
Ce qui distingue un chien de chasse; —
L'organe dont se sert l'oiseau
Pour fendre et parcourir l'espace;
Un hors-d'œuvre; — un trait long et fin; —
Je rapproche Paris, Moscou, Vienne et Berlin; —
De l oiseau de Jupin j'abrite la famille; —
Je garde aussi le grain qu'a coupé la faucille; —
Je prends l'homme ingénu pour en faire un coquin. —
Voulez-vous, aimables gourmets,
Vins de dessert ou d'entremets,

Madère sec ou malvoisie ?...
Contentez votre fantaisie,
Descendez : ici, sous vos yeux,
Dans ce réduit, vrai pays de Cocagne,
Vous trouverez bordeaux, beaune ou champagne,
Des meilleurs crûs et déjà vieux. —
Des flancs brûlants de la montagne
S'échappe une noire vapeur;
Bientôt le feu qui l'accompagne
Roule, descend avec fureur
Et chasse au loin dans la campagne
L'inconsolable laboureur. —
Nouveau Protée, avec trois pieds encore
Je puis changer de forme impunément,
J'ajoute un nom au beau pays d'Andore; —
Je suis un perroquet, — une arme, — un condiment; —
Sur mes tranquilles bords, chaque été, je ramène,
Au village d'Enghien, la foule parisienne; —
Je suis de l'œil l'ornement naturel : —
Je suis aussi le chant du ménestrel, —
Le dépôt que le vin amasse, —
Un coin de terre entouré d'eau, —
Je suis encor le temps qui passe, —
Et ronge, sans pitié, l'homme dans son tombeau.

CHARADE.

Sans mon premier, lecteur, bien qu'il fût très-habile,
Un pêcheur ne prendrait qu'une peine inutile
Et fort peu de poissons.
De ses lugubres sons
Mon dernier reconduit, triste et touchant symbole,
Vers l'éternel séjour une âme qui s'envole.
Et vous, dociles animaux,
Qui partagez nos périls à la guerre,
Quand mon entier couvre la terre,
Que je vous plains, pauvres chevaux !

Imprimerie de HENNUYER. Batignolles.

LES LEÇONS DU RABACHEUR.

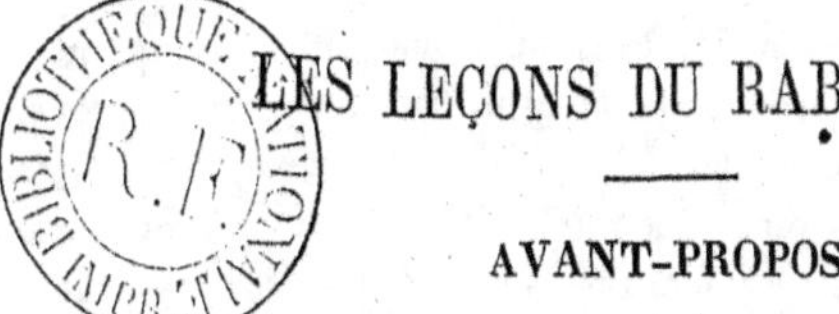

AVANT-PROPOS.

Mesdemoiselles,

L'administration de votre journal m'ayant fait l'honneur de m'admettre au nombre de ceux qui sont appelés à s'occuper de votre éducation, j'ai cru utile, pour faciliter les relations qui vont avoir lieu entre vous et moi, de vous faire connaître un de vos professeurs.

Je ne vous dirai pas mon âge, il pourrait vous effrayer. Qu'il vous suffise de savoir que je réunis les attributs essentiels de l'expérience enseignante : je porte perruque, je ne sors pas sans la canne classique, et j'ai dans ma poche une tabatière en or, dans laquelle je puise une large prise de tabac de la Civette, en commençant et en finissant ma leçon.

Je ne bats jamais mes élèves; je me borne à les regarder de travers quand ils n'ont pas travaillé, et l'on dit qu'alors je suis presque effrayant. Quand je suis content d'eux, j'ai une figure épanouie, sur laquelle ils semblent fixer les yeux avec beaucoup de plaisir.

Quant à ma méthode d'enseignement, elle repose sur deux principes, fruit d'observations réitérées. 1° On n'est pas savant de ce qu'on a appris : on n'est savant que de ce qu'on a compris et retenu; et l'on ne comprend et l'on ne retient, au début de la science en étude, qu'à force de répétitions. 2° Les règles ou principes, malgré leur importance, doivent céder le pas aux faits; en d'autres termes, la pratique doit dominer la théorie, par exemple, l'orthographe doit être apprise avant la grammaire.

Par conséquent, peu de travail, mais un bon travail, c'est-à-dire un travail soutenu, attentif, intelligent, et tel que l'élève puisse prouver au maître son attention et son intelligence : pour arriver là, répéter souvent ce qu'on étudie.

La répétition donc, mesdemoiselles, parce que c'est la cause première du succès. Vous trouverez, sans doute, que je dois être fort ennuyeux avec mes répétitions continuelles. On m'a adressé, avant vous, ce compliment; mais je vous ferai remarquer que vous n'avez pas lu assez souvent les principes posés. Ce n'est pas la répétition de perroquet que je vous demande; c'est la répétition attentive, qui cherche chaque fois à mieux comprendre, qui observe tout, qui fait des remarques sur tout, au moyen de comparaisons et de rapprochements ; comment celle-ci ne vous intéresserait-elle pas ?

Répétez donc, mes chères demoiselles, répétez pour mieux comprendre ; vous voyez qu'une première lecture ne vous avait pas suffi pour comprendre les principes qui doivent vous guider. Toutefois, si vous n'êtes pas convaincues, et si vous tenez à vous venger de moi, faites comme ceux qui, avant vous, ont senti ma férule, appelez-moi aussi *le vieux Rabâcheur*. Je subirai l'humiliation, si humiliation il y a ; j'avalerai le calice, pourvu que ma douleur fasse épanouir sur vos lèvres le sourire que j'aime tant à voir sur la figure des jeunes demoiselles. Ne vous gênez donc pas avec moi ; et, si vous avez quelques explications à me demander sur mes leçons, donnez-vous la satisfaction de m'écrire au bureau du journal, avec cette seule suscription : *au vieux Rabâcheur ;* votre lettre lui parviendra sûrement, et il y répondra avec exactitude.

La prochaine fois, nous commencerons les applications de nos principes. En attendant, amusez-vous bien et travaillez de même.

Paris, 19 février 1852.   Le vieux Rabâcheur.

L'ÉCHELLE DES AMES.

On dit que parfois, quand le vent du nord-ouest laboure profondément les eaux de la baie, on dit que l'œil du matelot découvre d'étranges mystères entre le Mont-Saint-Michel et les îles de Chausey.

Ce sont des villages entiers ensevelis sous les flots, des villages avec leurs chaumières et le clocher de leur église ;

Des villages dont les noms sont :

Bourgneuf, Tommen, Saint-Etienne-en-Paluel, Saint-Louis, Mauny, Epiniac, La Feillette, — et d'autres encore ;

Des villages noyés, dont les cadavres tristes gisent dans le sable avec les débris des naufrages et les grands troncs morts de la forêt de Scissy.

L'Océan a mis des siècles dans sa lutte sans pardon contre la pauvre terre de Bretagne. L'Océan, vainqueur, dort maintenant sur le champ de bataille.

Et ce n'est pas la tradition seulement qui a conservé souvenir de ces mortels combats. Les chartriers des familles et des monastères, les archives des villes, les cartons poudreux des garde-notes renferment une foule de titres authentiques constatant des droits de propriété sur ces domaines défunts, sur ces moissons submergées.

Tel pauvre homme court les chemins avec son bâton et sa besace, qui possède, sous ces grands lacs, un apanage de prince :

Des châteaux, des prairies, des futaies, de gais moulins qui caquetaient sur le bord des rivières, — des cabanes paisibles, dont la fumée lointaine pressait le pas fatigué du voyageur.

Les navires passent maintenant, toutes voiles déployées, à cent pieds au-dessus des demeures hospitalières. La mer a étendu sur le manoir et sur la chaumière, sur le chêne et sur le roseau, son niveau terrible, qui est la mort.

Sombre et prophétique image qui dit à l'homme-Titan le néant de ses hardiesses, — immense raillerie des utopies du siècle, montrant le linceul comme unique et dernière expression de l'égalité rêvée...

Tout le long de nos côtes, depuis Granville jusqu'au cap Frehel, derrière Saint-Malo, la mer conquérante a porté ses sables stériles sur l'opulence féconde des guérets.

Çà et là, un rocher reste debout, dressant sa tête noire au-dessus des vagues, et gardant son ancien nom de fief, de château, de village. — Car la terre a ses ossements comme nous, et la montagne décédée laisse après soi un squelette de pierre.

Les Malouins jettent leurs filets de pêche sur les belles prairies de Césambre, et ce lieu austère où Chateaubriand a voulu son tombeau, le Grand-Bé, était autrefois le centre d'un jardin magnifique.

Nul ne saurait dire exactement le temps que la mer a mis à couvrir ces contrées. La lutte était commencée avant l'ère chrétienne. On sait que les bocages druidiques s'étendaient à huit ou dix lieues en avant de nos côtes.

Plus tard, la forêt de Scissy planta ses derniers chênes sur les falaises de Chausey.

En ce temps-là, le Couesnon était un grand fleuve que Ptolémée et Ammien Marcellin confondaient en vérité avec la Seine.

Ce Couesnon marneux, ce Couesnon grisâtre, cette rivière folle qui s'égare dans les grèves comme une coquetière ivre, c'était un fleuve fier, suzerain de la Selune et suzerain de la Sée, qui lui apportaient le tribut de leurs eaux. Son embouchure était au delà des montagnes de Chausey, qui forment maintenant un archipel.

Il passait alors à droite du Mont-Saint-Michel, longeant les côtes actuelles de la Manche.

Ce fut bien longtemps après qu'il fit sa première *folie*, sautant de l'est à l'ouest, enlevant le Mont à la Bretagne pour le donner à la Normandie.

> « Li couësnont a fait folie :
> « Si est le Mont en Normandie... »

. . . .

Penhor, fille de Bud, était la femme d'Amel, le pasteur des troupeaux d'Annan.

Annan était seigneur et comte dans le Chezé, au delà du mont Tombelène.

Il avait son château au milieu de sept villages qui lui payaient l'ost, quand il mettait ses hommes d'armes en campagne.

L'un de ces villages avait nom Saint-Vinol. Amel et Penhor y faisaient leur demeure.

Penhor avait dix-huit ans ; Amel atteignait sa vingt-cinquième année.

Ils étaient orphelins tous deux ; ils s'aimaient de ce grand amour des gens qui n'ont pas de famille.

Penhor était belle comme un rayon de soleil au printemps. Si elle avait voulu, ses cheveux blonds lui eussent fait un manteau. Le regard de ses yeux bleus descendait au fond du cœur.

Amel était grand, souple et robuste. — Un hiver que le loup rayé de Chezé était sorti de la forêt pour trouver sa pâture en plaine, Amel se coucha dans la plaine pour attendre le loup.

Ces loups rayés sont plus grands que des poulains de six mois ; ils tuent les chevaux et boivent le sang des bœufs endormis.

Ces loups rayés ne fuient point devant l'homme. La pointe des flèches ne sait pas entamer leur cuir. Si on les frappe avec l'épieu, l'épieu se brise dans la main.

Amel saisit le loup rayé entre ses bras nerveux, et l'étouffa.

Mais avant de partir pour attendre le loup, Amel avait suspendu dans l'église du village, sous la niche, où souriait la bonne Vierge, une quenouille de fin lin, arrondie par les belles mains de Penhor.

Elle était riche, la Vierge de Saint-Vinol. Les offrandes s'amoncelaient chaque année à ses pieds, parce que les gens du pays croyaient racheter leurs péchés avec du lin, des gerbes de blé ou de beaux fruits mûrs.

Et Dieu sait s'ils avaient des péchés à racheter !

On ne rachète le péché que par le repentir et la pénitence.

Amel et Penhor n'avaient point d'enfants.

Quand Amel gardait les troupeaux et que Penhor restait seule dans la chaumière, elle était bien triste.

Elle se disait :

— Si j'avais un beau petit chérubin sur mes genoux, le portrait vivant de son père, j'attendrais gaiement le retour d'Amel.

Amel se disait, en gardant les troupeaux de son seigneur :

— Si Penhor me donnait un bel enfant, son vivant portrait, que de joie et que d'espoir !

Ils étaient bons chrétiens. Leurs péchés n'augmentaient pas beaucoup le compte des gens de Saint-Vinol.

— Penhor, ma chère femme, dit Amel, tisse un voile à sainte Marie, mère de Dieu, et nous aurons peut-être un enfant.

Penhor tissa un voile à sainte Marie, mère de Dieu, un beau voile, blanc comme la neige, et plus transparent que la brume légère des soirées d'août.

La Mère de Dieu fut contente. Amel et Penhor eurent un cher enfant. Ils s'aimèrent davantage auprès de son berceau.

Quand l'enfant eut neuf jours et que Penhor fut relevée, Amel prit le berceau dans ses bras pour porter l'enfant au baptême.

Le baptême reçu, Penhor souleva le berceau à son tour. Elle fit le tour de l'église et gagna l'autel de la Vierge.

— Marie ! ô sainte Marie, dit-elle agenouillée ; l'enfant que tu nous as donné, je te le rends... Qu'il soit à toi et qu'il grandisse voué à ta couleur divine... Regarde-le, sainte Marie ; il s'appelle Raoul, comme le père de son père... Regarde-le, afin que tu le reconnaisses au jour du péril.

Amel répondit :

— Ainsi soit-il.

La couleur de Marie est le bleu du ciel.

L'enfant Raoul grandit sous cette pieuse livrée.

Il était beau ; il avait les blonds cheveux de sa mère et l'œil noir d'Amel, le vaillant pasteur.

On ne sait si ce fut à cause des péchés des gens de Saint-Vinol : — Une nuit, nuit de grand malheur, Seigneur Dieu ! — l'eau du Couesnon s'enfla, comme le lait bouillant, qui franchit les bords du vase.

Le vent soufflait du nord-ouest ; la pluie tombait à torrents ; la terre tremblait.

La plaine était couverte d'eau.

Quand vint le matin, on vit que le Couesnon débordé, c'était la mer.

La mer qui avait rompu les barrières posées par les mains de Dieu.

Elle arrivait, sombre, houleuse, charriant des arbres déracinés et des cadavres de bestiaux.

L'église de Saint-Vinol était située sur une hauteur.—Les gens du bourg s'y réfugièrent.

Amel et Penhor, qui avaient emmené leur enfant, restèrent à la porte, parce qu'il n'y avait plus de place dans la nef.

L'eau montait, montait....

Amel prit sa femme dans ses bras. Il avait de l'eau jusqu'à la ceinture.

Il dit :

— Adieu, ma chère femme. Soutiens-toi sur moi ; peut-être que l'eau s'arrêtera.... Si je meurs et que tu sois sauvée, ce sera bien.

Penhor obéit.

L'eau montait.

Quand l'eau toucha sa ceinture, elle éleva le petit Raoul, disant :

— Adieu, enfant chéri, soutiens-toi sur moi ; peut-être que l'eau s'arrêtera.... Si je meurs et que tu sois sauvé, ce sera bien.

L'enfant fit ce que lui disait sa mère.

L'eau montait.

Bientôt il ne resta plus au-dessus des vagues courroucées que la tête blonde du petit Raoul, et un pan de sa robe bleue qui flottait.

Or, la Vierge de l'église de Saint-Vinol quittait en ce moment sa niche submergée, afin de s'en retourner au ciel.

Elle emportait toutes ses offrandes dans ses mains.

En passant au-dessus du cimetière, elle aperçut la tête blonde du petit Raoul et le pan de sa robe bleue.

La Vierge arrêta son vol, et dit :

— Cet enfant est à moi. Je veux l'emporter à Dieu.

Elle le prit par ses blonds cheveux. —L'enfant était lourd, bien lourd, pour un si petit corps.

La sainte Vierge fut obligée de lâcher ses offrandes une à une, et d'y mettre ses deux mains.

Quand elle eut lâché ses offrandes, le lin, les fleurs et les fruits mûrs, elle put soulever l'enfant.

Elle vit bien alors pourquoi le petit Raoul était si lourd.

Sa mère le tenait de ses doigts mourants et crispés.

De ses doigts crispés et mourants, le père tenait la mère.

Oh! le saint amour des familles!

La Vierge sourit. Elle dit :

— Ils s'aimaient bien!

Elle emporta le père avec la mère, la mère avec l'enfant, — trois âmes heureuses dans l'éternité de Dieu!...

On raconte cette histoire aux veillées, entre Saint-Georges et Cherrueix.

Aimez-vous dans les familles; la vierge Marie vous sera en aide à l'heure de votre mort...

PAUL FÉVAL.

LE CHÊNE HOSPITALIER.

A M. LE DUC ALBERT DE LUYNES.

I.

Un grand chêne, l'orgueil du temps et l'espérance,
S'élevait autrefois sur le sol de la France ;
Son branchage touffu, ses puissants rameaux verts
Ondoyaient sous les cieux profondément ouverts.
Les pauvres..., — il en est sous les divers baptêmes ;
Le vieux saint Paul, Homère, étaient pauvres eux-mêmes.
Tous deux chantaient, allant de chemin en chemin,
Une besace au dos, un bâton à la main. —
Les pauvres, disons-nous, accouraient sous ce chêne,
Quand le soleil dorait les épis dans la plaine,
Sûrs de trouver un gîte, à côté de l'oiseau,
Sous son ombre flottant comme un large manteau.
A son tronc, tour à tour, le berger, le poëte,
Suspendaient, l'un sa lyre, et l'autre sa musette.
Le travail haletant, l'idée en mission
S'y reposaient, ainsi que l'inspiration ;
C'était la bienfaisance en habits de feuillage :
Vous arriviez : Bonjour! vous partiez : Bon voyage!
Et son grand faîte, ému du matin jusqu'au soir,
Semblait vous dire encor : Mes enfants, au revoir !

II.

Un jour, un pèlerin, l'aube naissant à peine,
Vers le foyer natal s'avançait tristement;
·D'un exil douloureux voyant tomber la chaîne,
Comme l'aiguille au nord, il cherchait son aimant.
Après avoir foulé l'herbe de la prairie,
Respiré les parfums sacrés de la patrie,
Dans une cathédrale, œuvre des temps passés,
L'âme émue, il entra pour dire une prière.
A peine eut-il franchi le grand portail de pierre,
Que l'orgue soupira le chant des trépassés;
Qu'un spectre vint à lui (martyr dans nos annales),
Dont la voix se mêlait aux notes sépulcrales.
Des vêtements sacrés, d'ordres pontificaux,
L'enveloppaient encor. Maîtrisant ses sanglots,
L'exilé s'écria, la face contre terre;
Il avait reconnu le spectre solitaire :
« Infortuné vieillard, répondez à mon deuil ;
« Que me commandez-vous, frère de mon aïeul! »
Le prélat, vieux soutien des faibles consciences,
Répondit doucement : « Le pardon des offenses !
« Plus nous avons souffert des injures d'autrui,
« ·Plus il faut pardonner et prier Dieu pour lui.
« Dans le cœur du méchant l'amour parfois amène,
« Avec le repentir, le dégoût de la haine.
« Les vertus, cher enfant, sœurs de l'humanité,
« De même que les fleurs ont leur fragilité.
« Chez beaucoup de mortels la lumière est tardive;
« Il faut bien pour ceux-là, frappés de cécité,
« Qu'au milieu des écueils il les cherche, il les suive,
« Ce patient flambeau qu'on nomme charité. »
Il dit et disparut sous la voûte sonore.
Les coqs du voisinage annoncèrent l'aurore,
Et l'exilé, rempli de son but solennel,
Arrivait vers le soir au foyer paternel.

III.

Dans son château désert, qu'il reconnut à peine,
Il fit arracher l'herbe et rallumer le feu.
Du pieux cardinal pour accomplir le vœu,
En entrant au logis congédia la haine.

Enfin, le lendemain qui suivit son retour,
Le bon duc, étonné du haut de ses fenêtres,
Ecoutait deux oiseaux qui chantaient tour à tour
Dans l'arbre hospitalier planté par ses ancêtres.

Et le bon duc pleurait, malgré ces chants si doux;
Car, du chêne où chantaient deux tourterelles blanches,
Un ouragan brutal avait fauché les branches,
Et de la foudre encore on distinguait les coups.

IV.

D'où venez-vous? quels vents, homicides orages,
Embrasant vos éclairs, déchirant vos nuages,
Sous les pleurs, sous les cris, sous le joug des terreurs,
Vous font sur nos foyers exhaler vos fureurs?
Le brin d'herbe du jour, le chêne séculaire,
L'homme des anciens temps, le tribun populaire,
Le culte du passé, la foi dans l'avenir,
Ce que l'on rêve ou croit pour vivre ou pour mourir,
Sont-ils autant d'erreurs dont nous sommes victimes?
Pourquoi donc étouffer des vertus sous des crimes!
Qu'avait-il fait, ce chêne? Il étendait les bras
Sur tout ce qui souffrait ou végétait en bas;
Si bien, lorsque vos coups, tempêtes inhumaines,
Extravasaient la sève aux durs cailloux des plaines,
On entendit sortir des herbes, des sillons,
Les plaintes des oiseaux, les soupirs des grillons :
« Pourquoi, s'écriaient-ils, pourquoi, méchants orages,
« Abattre notre ami, foudroyer ses ombrages !
Les zéphyrs inquiets, les sylphes consternés,
Comme les orphelins du ciel abandonnés,

Par un dernier effort enlacés dans les branches,
Aux feuilles qui tombaient mêlaient leurs ailes blanches.
Lorsque de ses débris l'arbre joncha le sol,
Avec l'oiseau des nuits déployant un long vol,
Echo de val en val, dans ces jours regrettables,
Emplissait nos abris de plaintes lamentables.
Tempêtes, qui frappiez ce végétal ancien,
Ce chêne hospitalier, qu'avait-il fait? — Du bien.

ENVOI.

Voilà, monsieur le duc, pourquoi ces tourterelles,
Sur son tronc mutilé, mais pourtant toujours vert,
Au retour du proscrit, chantaient, battaient des ailes,
Et faisaient de leur mieux pour former un concert.

Et si vous voulez bien de cette allégorie
Lever le voile un peu, dans ces oiseaux des bois,
Vous y découvrirez les indiscrètes voix
De la reconnaissance et de la poésie.

SAVINIEN LAPOINTE.

Prés-Saint-Gervais, décembre 1851.

LE KALIFE DE BAGDAD.

Sous le règne du kalife Nisamolmouth, vivait, à Bagdad, un pauvre artisan du nom d'Hassan, lequel passait la plus grande partie de ses journées sur les places publiques, dans l'attente d'une bonne aubaine, qui malheureusement ne venait pas toujours. Souvent le pauvre homme rentrait, le soir, dans sa demeure, sans avoir gagné la vingtième partie d'un ducat, et alors il employait le reste de la nuit à travailler, pour nourrir sa nombreuse famille.

Malgré cet état de misère dans lequel il vivait, Hassan n'avait jamais commis une seule action dont il eût à rougir ; son honnêteté était devenue proverbiale dans la ville, et c'était une commune façon de parler que de dire : *vertueux comme Hassan*, ou encore, *probe comme Hassan*.

Ces qualités étaient fort honorables sans doute, mais elles ne suffisent en aucun temps pour faire vivre un homme ; et si Dieu ne lui était venu en aide, on aurait certainement trouvé, quelque matin, Hassan mort de faim, au milieu de ses enfants.

Un soir donc, en rentrant chez lui, le pauvre homme trouva, à quelques pas de sa demeure, une sorte de portefeuille bien vieux et bien usé, qu'il s'empressa de ramasser.

Hassan était économe; et bien que sa trouvaille ne lui parût pas d'un grand prix, il pensa néanmoins qu'au pis aller, elle pourrait servir de jouet au plus jeune de ses fils.

Mais quelle ne fut pas sa surprise quand, après l'avoir ouvert, il s'aperçut que ce portefeuille était rempli de valeurs considérables! C'était une fortune... et Hassan était si misérable!...

Le pauvre homme avait jusqu'alors bien souffert de la faim et de la fatigue; son cœur s'était serré plus d'une fois, à voir ses petits enfants deminus grelotter de froid, autour de l'âtre sans feu...

Et cependant, il ne pensa pas une seconde à la fortune qui lui arrivait; sa première pensée fut pour celui à qui appartenait le portefeuille, et il passa toute la nuit à chercher, dans son esprit, quel pouvait en être le propriétaire.

Le lendemain, il se leva dès l'aube du jour, et se dirigea, à pas rapides, vers le palais du kalife.

Chemin faisant, il vit, aux principaux carrefours de la ville, de nombreux groupes d'hommes et de femmes qui couraient et gesticulaient avec vivacité.

Mais comme il avait hâte de remettre l'objet dont il était porteur, il marcha sans s'arrêter jusqu'à la place.

La foule était si compacte et si bruyante en cet endroit, que force lui fut enfin de ralentir le pas, et d'écouter ce qui se disait.

Aussi bien, dès les premières paroles, il dressa l'oreille, et ouvrit l'œil. On s'entretenait de Rokneddin, le marchand, vieillard aussi riche qu'une montagne de diamants, et aussi avare qu'une fourmi.— Tous les habitants de Bagdad le connaissaient bien; il possédait, aux portes de la ville, non loin de la grande mosquée d'Orient, un palais de marbre, qu'il habitait seul avec une servante plus vieille encore que lui.

Jamais les malheureux n'avaient reçu de lui aucune aumône, et sa porte était toujours fermée à toutes les infortunes.

Or, on venait d'apprendre que le vieux Rokneddin avait perdu, la nuit même, un portefeuille contenant la moitié de sa fortune, et le malheureux avare faisait offrir mille ducats à celui qui le lui rapporterait.

Le pauvre Hassan, qui écoutait tout cela, faillit tomber à la renverse en apprenant cette bonne nouvelle : mille ducats ! C'était plus qu'il ne lui en fallait pour vivre le reste de ses jours, et assurer, après lui, le sort de toute sa famille. Hassan ne put se contraindre plus longtemps, et il montra à tous l'objet qu'il avait trouvé...

Bien qu'il n'y eût là que des gens du peuple, dont le bonheur d'Hassan pouvait éveiller la jalousie, cependant l'impression fut généralement bonne ; le pauvre homme était si universellement aimé et estimé, que de tous côtés des cris de joie s'élevèrent pour célébrer sa bonne fortune, et que chacun voulut l'accompagner jusqu'à la demeure du kalife Nisamolmouth.

Hassan se laissa faire ; il était ivre de joie, et tout en marchant il serrait le bienheureux portefeuille sur son cœur.

On avait fait prévenir Rokneddin, de sorte qu'au moment où la foule franchissait le seuil du palais de Nisamolmouth, le vieux marchand arrivait en toute hâte, venant s'assurer par lui-même de la réalité de son bonheur.

Le kalife était dans la salle d'audience, assis sur un trône d'or massif, ayant à sa droite le grand-vizir Komaïri, à sa gauche son fils Sabah, et derrière, les principaux officiers du palais.

Les gardes firent ranger le peuple contre les colonnes qui soutenaient la grande salle d'audience, et Nisamolmouth ayant ordonné aux deux parties de s'avancer, Rokneddin et Hassan vinrent se prosterner sur les marches du trône.

C'était la première fois qu'Hassan se trouvait devant le kalife ; il en fut ébloui, et son cœur se prit à battre avec force. —Rokneddin, au contraire, paraissait plein d'assurance, et dès que Nisamolmouth lui eut fait signe qu'il pouvait parler, il commença en ces termes :

— Commandeur des croyants, dit-il d'une voix ferme, hier, en rentrant dans ma demeure, j'ai perdu un portefeuille, qui ne me quitte jamais et dans lequel j'ai renfermé la moitié de ma fortune...

— Et ce portefeuille, c'est vous qui l'avez trouvé ? interrompit Nisamolmouth en s'adresant à Hassan.

Mais ce dernier n'avait pas la force de répondre ; il se contenta de tendre le portefeuille au kalife, qui le prit en disant :

— *Trouver un trésor dans un lieu écarté et le rendre à celui à qui il appartient, c'est la pierre de touche du cœur.*

Puis il se tourna vers Rokneddin.

— Est-ce bien là, lui dit-il alors, l'objet que vous avez perdu ?

— C'est lui, c'est bien lui, s'écria Rokneddin, dont le visage se couvrit d'une vive rougeur.

Et comme le kalife le lui avait fait remettre, il l'ouvrit précipitamment, pour s'assurer qu'il était intact, et qu'aucune valeur n'en avait été soustraite.

Pendant ce temps, le kalife reprit :

— Puisque ce portefeuille est bien à vous, et qu'il n'y manque rien, vous allez donc sur-le-champ compter à Hassan, qui l'a trouvé et le rend intact, la somme que vous avez promise.

A ces mots, Hassan joignit les mains, et se laissa tomber de nouveau aux pieds du kalife.

Rokneddin, de son côté, était devenu affreusement pâle.

— La somme? balbutia-t-il, en jetant autour de lui des regards effarés, il faut compter une somme?...

— N'est-ce point mille ducats?... fit Nisamolmouth, en fronçant les sourcils.

— Que Mohammed me protége!... s'écria Rokneddin, mille ducats!... j'aurais pu promettre cela?... — Il aurait fallu être fou... — Et d'ailleurs...

Un éclair jaillit tout à coup de l'œil du vieil avare, qui jeta sur le malheureux Hassan un regard écrasant.

— Et d'ailleurs, reprit-il, il ne me semble pas juste que cet homme touche deux fois la récompense promise.

— Comment?... interrompit le kalife, pendant qu'un murmure d'étonnement parcourait les rangs pressés de la foule...

— Sans doute, poursuivit Rokneddin, dont l'assurance augmentait à chaque instant, il y avait là, dans ce portefeuille, à cette place, une bague, dont l'une des pierres valait, à elle seule, deux mille ducats... Eh bien! que le commandeur des croyants daigne s'en assurer lui-même, cette bague a disparu.

Le portefeuille était passé une seconde fois entre les mains du kalife, dont le regard sembla interroger Hassan.

Ce dernier ne pouvait répondre : une accusation aussi inattendue l'avait trouvé sans défense; il remua tristement la tête et cacha son front dans ses mains.

Cependant l'étonnement s'était changé en indignation ; de tous les côtés de la salle, cent voix s'élevèrent en même temps, pour témoigner énergiquement de la probité du malheureux Hassan.

Le kalife imposa enfin silence à la foule ; et, quand le calme se fut rétabli, il se tourna vers Rokneddin, qui souriait :

— Maître Rokneddin, dit-il aussitôt, en comptant chacune de ses paroles, êtes-vous bien certain de ce que vous venez d'avancer ?

— Je l'affirme de nouveau, insista le vieil avare.

— Cependant cet homme est incapable d'avoir commis l'action que vous lui reprochez...

— Il cache une âme vicieuse, sous les apparences de la vertu.

— Ainsi, poursuivit le kalife, vous soutenez que le portefeuille perdu par vous contenait une bague d'un grand prix ?...

— Deux mille ducats...

— Et cette bague ne se trouve pas dans le portefeuille trouvé.

— Cet homme l'aura soustraite...

— Eh bien ! qu'il soit donc fait selon votre propre déposition, dit Nisamolmouth, d'une voix éclatante et ferme ; comme, d'une part, vous affirmez qu'une bague d'un grand prix était renfermée dans le portefeuille perdu par vous ; que, de l'autre, cette bague n'est pas jointe au portefeuille trouvé par Hassan, nous déclarons que le portefeuille trouvé ne peut être celui qui a été perdu par vous, et le rendons à Hassan, pour qu'il en fasse l'usage qu'il jugera convenable...

A peine cette sentence était-elle rendue, qu'une grande clameur s'éleva de la foule, célébrant la sagesse du kalife. Hassan, éperdu, fut reconduit par le peuple jusqu'à sa demeure, tandis que Rokneddin regagnait la sienne, le désespoir et la mort dans l'âme.

Hassan fit le meilleur usage de la fortune que le Ciel lui envoyait si inespérément. Ses descendants sont encore aujourd'hui cités pour leurs vertus, parmi les habitants de la ville de Bagdad.

Juliette Vernier.

MIETTES DE POÉSIE.

—

SONNET.

A l'instant je voyais, debout contre ce chêne,
Un pâtre aux longs cheveux, immobile, rêveur.
Pâle, maigre ; ses traits, comme ceux du Sauveur,
Avaient, dans leur souffrance, une beauté sereine,

Au soleil de midi, son troupeau dans la plaine
Dormait. Son chien jappait à quelque voyageur.
Puis le pâtre écoutait, l'œil au ciel et songeur,
Un doux *sône* [1] chanté sur la lande lointaine.

Un pauvre toit de chaume à l'angle d'un manoir,
Pour l'esprit la prière, et le corps, un pain noir :
Voilà ce que Dieu garde à l'enfant des chaumières.

O mon Dieu! ta justice en cela se peut voir;
Car notre ambition mesure nos misères,
Et ce pâtre est peut-être heureux sans le savoir.

AMÉDÉE BOURGEOIS.

PERVENCHE.

CONTE.

I.

Il y avait une fois, dans un pauvre village, une petite fille si jolie, si bonne et si charitable, que tout le monde la chérissait. Les pauvres mêlaient son nom à leurs prières, car son pain était toujours partagé avec eux. Les petits oiseaux eux-mêmes la connaissaient et la suivaient à peu de distance, certains d'avoir leur part d'aumône.

On la nommait Pervenche, parce qu'elle avait été trouvée toute petite sous un buisson des champs, au milieu des fleurs de ce nom, par deux pauvres cultivateurs.

Les braves gens l'avaient recueillie et élevée de leur mieux, et Pervenche leur prouvait sa reconnaissance par tant de soins et d'affection, qu'ils ne regrettaient pas d'avoir écouté leur bon cœur.

Elle avait seize ans, lorsqu'un soir elle entendit sa mère et son père adoptifs qui, se croyant seuls, disaient en pleurant :

— Qu'allons-nous devenir, mon Dieu! la misère nous accable et notre grand âge ne nous permet plus de travailler assez pour gagner notre vie. L'hiver a été rude pour nous; le pain manque à la huche, et nous ne savons pas comment nous vivrons demain. Que deviendra notre pauvre Pervenche

[1] Élégies chantées de Basse-Bretagne.

lorsque nous aurons cessé de vivre? Que n'est-elle plus grande!... elle pourrait aller à la ville, où certainement une fille sage et laborieuse comme elle ne manquerait pas de gagner sa vie.

Pervenche fit semblant de ne rien entendre, mais dès qu'elle vit paraître le jour, elle rassembla ses habits du dimanche, et après avoir bien essuyé ses larmes, elle alla trouver les bonnes gens pour leur dire adieu.

La surprise de ces derniers fut grande lorsqu'ils acquirent la certitude que Pervenche était bien décidée à les quitter; ils en eurent un profond chagrin ; mais comme ils crurent voir le doigt de Dieu dans cette résolution soudaine, ils cessèrent bientôt leurs instances.

Ils lui donnèrent donc une belle galette pour sa route, et après l'avoir bénie, ils lui dirent adieu.

Elle partit, emportant les regrets de tout le village et recueillant sur son passage les bénédictions de tous ceux qui la connaissaient. Elle se retournait à chaque pas sur la route, et tant qu'elle vit au loin sa mère adoptive agiter son mouchoir, elle se sentit forte; mais une fois qu'elle l'eut perdue de vue, il lui sembla qu'elle était seule au monde, et elle se mit à pleurer.

Elle avait le cœur si gros, qu'elle marcha toute la journée sans toucher à ses provisions. Quand le soir fut venu, elle tomba, épuisée de fatigue, auprès d'un buisson d'aubépine et de chèvrefeuille.

A peine y était-elle depuis quelques minutes, qu'elle entendit des coups de fusil et des aboiements, et qu'elle vit passer au-dessus de sa tête une nuée d'oiseaux, dont le ciel fut un moment obscurci.

Pervenche les reconnut aussitôt : c'étaient ses oiseaux favoris; et, à la pensée du danger qu'ils couraient, son cœur se serra.

D'ailleurs, ils poussaient de petits cris si vifs et si doux; il y avait tant de prière dans le ton touchant qu'ils mettaient à lui parler, que la pitié l'envahit tout entière.

— Venez! venez! leur dit-elle, et dût le chasseur m'étendre à côté de vous, je vous sauverai... Cachez-vous tous dans ce buisson, et Dieu me viendra en aide.

Dieu permit, en effet, que les petits oiseaux l'entendissent; et, plus pressés que des soldats en fuite, les voilà tous blottis parmi les branches.

II.

Qu'ils avaient peur ses petits protégés, lorsque le chasseur approcha, précédé de son chien !

— Petite fille, lui dit-il, as-tu vu passer quelque gibier par ici? Depuis ce matin je suis en chasse sans pouvoir rien atteindre; je donnerais de grand cœur une belle pièce blanche à celle qui me mettrait sur sa trace.

A cette question, Pervenche entendit cent battements de cœur parmi les feuilles. Elle n'était guère plus rassurée que ses protégés, car elle voyait le chien flairer la haie en poussant de terribles aboiements; aussi, sans regarder la belle pièce d'argent qui brillait au soleil entre les doigts du chasseur :

— Vous venez à propos, monsieur, répondit-elle; une nuée de perdrix rouges vient de passer à l'instant, se dirigeant de ce côté.

Et Pervenche montrait le point le plus éloigné de l'horizon, tandis que de son côté le chien s'obstinait à flairer toujours le buisson.

Alors elle se souvint du gâteau qui se trouvait dans son panier et le donna à ce dernier pour détourner son attention. Le chasseur, surpris, lui donna deux pièces blanches et s'en fut en fouettant l'animal, qui ne voulait pas quitter le buisson.

III.

Quand ils furent si loin, si loin, qu'ils ne paraissaient plus que deux points à l'horizon, les oiseaux sortirent de leur cachette et vinrent à qui mieux mieux remercier leur petite protectrice. Ils allaient se percher sur ses épaules, et lui faisaient mille caresses, lui disaient mille chansons joyeuses, dont Pervenche semblait comprendre le sens mystérieux.

Puis, comme la nuit était venue, toute la bande ailée courut chercher de la mousse, et, en moins de rien, Pervenche eut un nid bien chaud, à l'abri du vent. Elle dormit ainsi jusqu'au jour, rêvant que son père et sa mère étaient aussi riches que le roi.

IV.

Quand vint le jour, le rossignol, qui était le beau parleur de la bande, lui dit :

— Tu nous a appris, Pervenche, que tu allais à la ville pour essayer d'y faire fortune, et nous sommes tous décidés à t'aider de tout notre pouvoir. Il faut que tu saches que le roi, las de tous les biens de la terre, a promis la moitié de ses trésors à celui qui parviendrait à le distraire. Tu vas aller à la cour, je t'y accompagnerai et te dirai tout ce que tu auras à y faire.

— Eh! comment voulez-vous que j'aille à la cour, vêtue de la sorte? répondit l'enfant en souriant.

— Que cela ne t'inquiète pas; des vers à soie t'ont, cette nuit, tissé cette robe blanche qui t'habillera à ravir.

Et ils lui apportèrent une robe éblouissante de blancheur, faite d'une seule pièce, qui eût embelli la créature la plus laide de la terre. Aussi Pervenche fut-elle, quand elle l'eut revêtue, digne de figurer sur le plus beau trône du monde.

— Ce n'est pas tout, reprit le rossignol; les araignées de ce pays se sont réunies, à notre prière, et t'ont filé une écharpe en fil de la Vierge, fine comme des cheveux blonds et solide comme un réseau de fer.

— Moi, dit un bouvreuil, j'ai couru toute la nuit et j'ai trouvé une rose blanche pour orner tes cheveux.

— Et moi, reprit une alouette, j'ai recueilli les plus belles gouttes de rosée, dont j'ai fait un collier qui jette plus de feux que les plus riches diamants.

Quand elle fut vêtue, Pervenche était si belle, que ses petits amis en furent éblouis.

— Mais, reprit-elle encore, je n'oserai pas davantage me présenter à la cour; quand le roi m'adressera la parole, il verra que je suis une ignorante, et j'en mourrai de honte.

— Que cela ne t'inquiète pas, lui dit le rossignol; une corneille, qui depuis trois cents ans habite la ville, te mettra au courant de tout ce qui s'y est passé, et une pie, de mes amies, te fera connaître la chronique du jour. Il n'est pas de propos qu'elle n'ait entendus, et elle se fera un bonheur de te les répéter.

Enfin, tous les oiseaux firent si bien, que lorsque Pervenche arriva le soir à la cour, dans un carrosse magnifique qu'elle avait loué avec ses deux pièces d'argent, elle produisit une telle sensation, que toutes les femmes pensèrent en mourir de jalousie, et tous les hommes de plaisir.

V,

Le rossignol était sur son épaule et lui soufflait tout ce qu'elle devait faire et dire.

Le roi descendit de son trône et vint au-devant d'elle jusqu'au milieu de la salle, ce qu'il ne faisait que pour une impératrice ou au moins une reine, ne doutant pas qu'elle n'arrivât de quelque empire éloigné. Pendant une demi-heure on n'entendit que le bruit des chuchotements. Les violons ne jouaient plus, les flûtes n'avaient plus de souffle, et les hommes trouvaient tous leurs femmes laides, tant ils étaient éblouis.

Le roi demanda à Pervenche, en la conduisant à ses côtés sur son trône, de quel royaume elle venait, et si ce n'était point du royaume du ciel entre tous les autres.

Elle répondit qu'elle n'était qu'une simple paysanne, et qu'elle venait disputer le prix.

— Votre beauté, répondit le roi, est tellement surnaturelle, qu'elle vous l'assurerait à elle seule; mais je suis curieux de voir quelle surprise vous nous réservez.

Le premier moment passé, la fête recommença plus brillante et plus animée qu'auparavant.

Après trois ou quatre quadrilles, qu'au risque de se faire de nombreux ennemis à la cour, le roi dansa avec Pervenche, et qui achevèrent de le rendre éperdument amoureux, les épreuves commencèrent, au milieu de l'attention générale.

Le premier concurrent fit des expériences de physique si amusantes que toute la cour riait à s'en tenir les côtes. Le roi fronça ses augustes sourcils, ce qui glaça tous les sourires, et le premier concurrent fit place à un second. Celui-là fit voir une machine des plus ingénieuses, à l'aide de laquelle il obtint, en moins d'un quart d'heure, un boisseau de diamants gros comme des œufs de pigeon. Toute la cour était muette d'admiration. Le roi, sans regarder le malheureux mécanicien, fit un compliment à Pervenche, et les critiques tombèrent, drues comme grêle, sur la machine et son auteur. Le troisième fit voir une étoffe, faite de diamants, de rubis et de saphirs fondus et filés, qui brillait autant que le soleil à midi. La cour entière battit des mains, convaincue que celui-là devait avoir le prix. Le roi, sans prêter la moindre attention à ce qui se passait autour de lui, dit à Pervenche qu'il n'avait jamais vu d'aussi beaux yeux que les siens, et qu'il mettrait le monde à feu et à sang si telle était sa volonté. Tout le monde se moqua du fabricant, et l'étoffe fut trouvée laide et grossière.

Tous les autres concurrents se retirèrent après cet échec.

VI.

— Votre tour est venu, dit le roi à Pervenche; ne renoncez-vous pas à l'épreuve, après tout ce que vous venez de voir?

— Dites non, murmura le rossignol à l'oreille de Pervenche, fort inquiète de l'issue de son entreprise.

Tous les yeux étaient fixés sur elle, et l'on eût entendu pousser les cheveux des conviés, tant était grand le silence, lorsque Pervenche, se levant, ordonna à un valet d'ouvrir toutes les fenêtres; ce qui fut fait,

Alors, ses cent petits amis entrèrent quatre par quatre; le rossignol prit le commandement, ayant un roitelet pour aide de camp, et leur fit exécuter dans les airs, au grand étonnement du roi et de sa cour, les évolutions les plus difficiles de l'école du peloton. Un vieux général, qui se trouvait près du trône, fut pris d'une telle envie de rire, dit l'histoire, mais je le donne sous toute réserve, qu'il rit pendant deux mois, ne s'arrêtant qu'aux heures des repas. Toujours est-il qu'on fut obligé ce jour-là de l'emporter.

Sur un signe de Pervenche, ils vinrent tous se ranger autour d'elle, attendant ses ordres.

— Chantez, leur dit-elle.

Alors commença un chœur à quatre parties si joli, que la musique ne pouvait en avoir été composée que pour le bon Dieu, et si bien exécuté, que les anges seuls avaient pu le leur apprendre.

Le roi était tellement transporté, que, sans prendre garde à la foule qui l'entourait, il embrassa Pervenche, et jura de lui donner la moitié de son bien.

Ce mouvement fut tellement entraînant, que tous les seigneurs embrassèrent leur voisine. Mais l'étonnement du roi fut à son comble, lorsqu'un moineau, qui s'était perché sur son épaule, lui dit :

— Sire, j'étais avant-hier sur le balcon de votre cabinet de travail; j'y ai entendu toute votre conversation avec l'ambassadeur du royaume des Mines. — Le roi pâlit. — Et, vrai comme j'ai nom Friquet, si vous n'épousez pas notre Pervenche, ce secret sera bientôt celui de tout le monde.

Le roi, fort troublé et d'ailleurs fort amoureux, ne fit aucune difficulté. Se tournant vers Pervenche, il lui dit ne pouvoir lui offrir son cœur, puisqu'il n'en était plus maître depuis qu'elle était entrée dans son palais. La foule battit des mains, et huit jours après, Pervenche était reine.

VII.

Après tout, messieurs, dit le roi à son Conseil des ministres, qui lui faisait quelques observations sur son mariage avec une paysanne, j'étais obligé de lui donner la moitié de mon bien; en l'épousant, je le conserve entier !...

VIII.

Il est inutile de dire avec quel empressement Pervenche fit venir sa mère et son père adoptifs, et quelle fut leur brillante position au château. Ses petits amis venaient souvent la voir; et l'hiver ils trouvaient bonnes graines et bon feu.

Je devrais, à la suite de ce conte, écrire une grande page de morale; mais celle qui en découle est si simple et si naïve, qu'en cherchant bien au fond de votre cœur, vous trouverez plus de bonnes choses que ma plume n'en pourra écrire jamais.   ERNEST L'EPINE.

LES FEUX-FOLLETS.

Des follets brillent dans l'ombre.
BERANGER.
Le follet fantastique erre sur les roseaux.
VICTOR HUGO.

« Enfants, les feux-follets sont les âmes des morts,
« De ceux qui, tourmentés là-bas par les remords,
« Souffrent en purgatoire, et reviennent sur terre
« Demander aux vivants souvenir et prière :
« A genoux donc, enfants! Prions! prions pour eux,
« Car nous aurons un jour besoin des mêmes vœux. »

Cette fausse croyance est naïve et touchante.
Ne la trouvez-vous pas bien douce et consolante
Pour ceux dont le cœur aime au delà du tombeau?
Mais la science humaine allume son flambeau,
Et devant sa lueur fait fuir cette croyance,
Fruit, innocent pourtant, de l'antique ignorance.
Cette lueur terrestre, est-ce un mal? est-ce un bien?
Ne nous prononçons pas, car nous n'en savons rien.
Pourtant, en devenant moins crédule et naïve,
La foi devient aussi moins ardente et moins vive.
Encor, si la raison n'atteignait que l'erreur!
Mais elle ôte à la fois tous les trésors du cœur,
Eteint le feu divin, ne met rien à sa place,
Et pour l'homme est toujours froide comme la glace.

Adieu donc, loups-garous, sorciers et revenants,
Gnomes, blanches willis, et vous, noirs nécromants,

Qui charmâtes longtemps les contes du village!
L'on oublie aujourd'hui Merlin dans son nuage;
Le roi des Aunes dort au fond de ses forêts,
Ondine dans sa grotte, et Mab dans son palais;
L'on ne redoute plus Morgane ou Mélusine,
Et l'on ne croit plus voir la colère divine
Poursuivre cet Harrus, fantastique chasseur,
Qui jadis profana le temple du Seigneur.

Conte cent fois redit, ballade poétique,
Légende d'autrefois, tradition antique,
Oh! mon cœur vous regrette et vous aime toujours,
Comme un doux souvenir de mes plus heureux jours.
Vous berçâtes souvent ma curieuse enfance;
Aussi de vous toujours j'ai gardé souvenance,
Et quand les feux-follets dansent sur l'eau, le soir,
Alors je pense aux morts, et je crois les revoir.

DUPERCHE DE SAINT-DENIS.

Alençon, 3 décembre 1847.

L'APPEL DU RELIQUAIRE.

« Les superstitions sont la poésie du peuple et des âmes tendres », a écrit M. de Marchangy. Cela revient à dire que la poésie du peuple et des âmes tendres découle de l'ignorance, qui est en effet la source des crédulités naïves et superstitieuses. Or, si la science est quelquefois un danger, selon l'emploi qu'on en fait, comme une arme défensive peut devenir meurtrière entre des mains inexpérimentées ou maladroites, l'ignorance n'est pas moins, de son côté, le principe de mille erreurs, ou périlleuses, ou seulement ridicules, ce qui n'est jamais un profit. Il y a pour le peuple et les âmes tendres une poésie autrement élevée et bienfaisante, dans la foi religieuse des esprits simples, cette santé de l'âme, sans y ajouter la croyance aux traditions et fables surnaturelles, qui est tout uniment une maladie. Et voyez, cette maladie, à quelles tristes puérilités elle nous conduit, comme de craindre de se trouver treize à table, d'y répandre le vin ou le sel, d'y remarquer deux couteaux en croix, d'entreprendre un voyage ou une affaire un vendredi!

Supposons un instant à ces frayeurs une raison d'être, ainsi que nombre de gens l'affirment sur de prétendues observations se confirmant entre elles : que devient alors le choix de l'homme entre ceci ou cela? Comment donnera-t-il à Dieu ce *vouloir libre de son cœur* dont parle Fénelon, et qui est la seule chose que nous demande l'amour du Créateur? Connaître l'avenir, mais ce serait perdre toute indépendance, à cause de ce qu'on y verrait de prochain et d'inévitable. Non, l'avenir est à Dieu seul ; sa sagesse le tient fermé devant nous, et il n'a chargé aucune circonstance ni personne d'en écarter à nos yeux le voile. Considérons que la superstition est une maladie, efforçons-nous de la guérir, mais sans la brutaliser et en employant, avec la douceur de persuasion, l'antidote des faits qui la combattent. Ne nous vantons point trop nous-mêmes, d'ailleurs, d'en être affranchis, car notre misère est telle, que bien des esprits forts, dont l'orgueil rit de ces faiblesses, n'ont souvent qu'un pas à faire pour y tomber.

Cette moralité un peu longue, déduite à l'avance, écoutez une anecdote.

La Bretagne a été par excellence le pays des superstitions, sombres et terribles, ou douces et tendres, et le vernis d'antiquité dont s'y recouvrent celles qui ont survécu n'est pas, nous l'avouons, sans les relever, d'un charme de vif intérêt historique. Il y est, entre autres, de notoriété traditionnelle que, la nuit de la Toussaint, veille des Morts, durant que les cloches des églises et chapelles de campagne se jettent l'une à l'autre l'appel lugubre des glas, à travers la pluie et le vent, les morts s'éveillent dans leur fosse glacée, soulèvent la lourde pierre de leur tombe, et rentrent dans ce monde aux fins de s'assurer que l'on y prie pour eux. Cette nuit-là encore, les puissances infernales, un moment dégagées de leur éternité de douleurs et de blasphèmes, cheminent ici-bas par les vallées désertes, les bois effeuillés, les landes fouettées de l'orage ; et malheur au passant attardé, au curieux imprudent que rencontre la colonne maudite du Sabbat! Nous n'en finirions pas de noter les particularités de cette nuit merveilleuse, dont une se verra au fait suivant, — et pour ce qu'elle vaut.

De braves amis étaient attablés un soir dans une auberge bretonne, un soir du 1er novembre. Qnand tout le village s'agenouillait et priait au tintement des glas, eux buvaient sans mesure et devisaient de même. Bientôt il se fit tard ; onze heures trois quarts sonnèrent. L'un d'eux se leva. Il emplit un verre jusqu'aux bords, puis le présentant à un compagnon qui se tenait songeur à l'écart :

— Allons, Michel, dit-il, un dernier verre, et en route. Minuit sonnant, tu dois être au reliquaire. Dix minutes, par le temps qu'il fait, ne sont pas de trop pour s'y rendre.

Michel prit le verre, en but le contenu, et sortit.

Une croyance bretonne enseigne qu'à minuit, le soir de la Toussaint, les âmes des morts appellent, au reliquaire, ceux qui doivent mourir dans l'année.

Michel allait surprendre le secret de ces âmes.

Comme il entrait dans le cimetière, que la pluie avait inondé, le vent tordait les ifs et les sapins avec des plaintes déchirantes. Une fresaie, sortie du reliquaire, lui toucha le front de l'aile et se réfugia dans la tour de l'église.

Michel s'appuya à l'angle de cette tour faisant face au reliquaire, et attendit.

Le reliquaire, avec ses mousses, ses lichens, ses colonnettes entaillées par la rouille des âges, était grave et muet comme les tombes couchées alentour de lui ; ses têtes de morts, rangées par files dans leurs boîtes funèbres, se voyaient confusément, endormies l'une près de l'autre, ainsi que des sœurs dans un même lit.

C'était un vaillant gars, que Michel, et il en avait donné des preuves ; mais les jambes lui chancelaient déjà.

La douzième heure retentit au clocher.

Au dernier tintement de l'horloge, qui se perdit dans les rumeurs du vent, il se fit un mouvement au fond du reliquaire. Puis une voix creuse et sourde s'en éleva, qui dit un nom inconnu, et tout rentra dans le silence. Peu après la voix reprit et dit un autre nom. Michel tremblait comme la feuille, ses dents s'entrechoquaient de terreur.

La voix reprit une troisième fois et appela : Michel !

Le malheureux se sentit la gorge serrée comme par des tenailles ardentes ; il se cramponna en désespéré au granit de la tour, fit un dernier effort, et s'élança hors du cimetière.

Le lendemain, Michel était pâle, soucieux : on ne le revit plus à l'auberge. Trois mois après, il tomba malade et se mit au lit. Alors un de ses compagnons lui vint avouer que c'était lui qui s'était caché au reliquaire et l'avait appelé, la nuit de la Toussaint, ce qui était vrai : Michel ne le crut pas. Les exhortations du curé, les soins du médecin, la forte constitution du malade, rien n'y put : son imagination était frappée.

Michel mourut à quelques jours de là.

AMÉDÉE BOURGEOIS.

HISTOIRE NATURELLE.

LE PETIT BUFFON HISTORIQUE ET AMUSANT.

(Suite.)

Comme nous l'avons annoncé à nos jeunes lecteurs, nous suspendrons aujourd'hui la zoologie pour leur parler de la botanique.

Les fleurs ont un attrait tout particulier, un charme indicible qui nous les fait aimer et nous attire toujours vers elles.

Leur langage symbolique nous plaît et séduit notre esprit. Notre cœur y puise souvent une douce morale qui embellit notre âme, comme la fleur embellit la beauté.

La timide violette, se cachant sous son simple feuillage, n'est-elle pas la touchante image de la vertu sincère, qui ne se dévoile que par ses œuvres de miséricorde et devient, sans éclat, la Providence des malheureux?

Est-il une fête où les fleurs ne viennent mêler leur parfum et réjouir notre vue?

Ne les voyons-nous pas aussi sur la tombe d'un être bien-aimé, dont le souffle semble se mêler encore à celui du zéphyr qui vient agiter leurs feuilles? Quelquefois, il les enlève à leur tige, comme la mort nous a enlevé ceux que nous pleurons, et cette œuvre de destruction leur donne alors un rapport plus sympathique avec l'état de notre âme.

La nature a prodigué les fleurs pour les mettre à la portée de tous. Souvent on les voit croître dans les endroits déserts, où elles deviennent la consolation de quelques affligés.

C'est ainsi que la petite fleur picciola fit les délices d'un détenu politique; que le grand Condé oublia sa captivité en cultivant les fleurs du donjon de Vincennes.

Il s'est aussi trouvé des admirateurs passionnés, assez zélés pour passer quinze heures au pied d'une fleur, dont ils étudiaient les progrès. Et parmi nos jeunes lecteurs ne s'en trouve-t-il pas quelques-uns qui ont exposé leur vie pour posséder une petite fleur jaune, bleue, verte, que l'onde avait rapprochée d'un rivage! Combien enfin, bravant les épines de la rose, ont, pour cueillir cette reine des fleurs, ensanglanté leurs doigts délicats!

Nous rendons, nous aussi, nos hommages à cette charmante souveraine, et nous lui consacrerons notre premier article sur la botanique, en souhaitant à nos jeunes lecteurs que dans le sentier de leur existence ils trouvent plus de roses que d'épines !

HISTOIRE NATURELLE. — BOTANIQUE.

La Rose.

> Fleur chère à tous les cœurs ! elle pare à la fois
> Et le chaume du pauvre, et le marbre des rois ;
> Elle orne tous les ans la beauté la plus sage ;
> Le prix de l'innocence en est aussi l'image !
> *(Poëme sur la botanique.)*

La rose, reine des fleurs, appartient à la classe des plantes dicotylédones et polypétales, c'est-à-dire qui ont deux cotylédons ou lobes, et plusieurs pétales ou parties qui composent la corolle d'une fleur.

Les roses donnent, par la distillation, une eau odorante, appelée *eau de roses*, et une huile essentielle, qui est consacrée à la toilette, sous le nom de *beurre de roses*.

Dans la nomenclature des principales espèces de roses, on peut citer : la *rose mousseuse*, dont les fleurs, d'un rouge cramoisi et d'une odeur suave, en font la plus élégante des roses ; la *rose de Provins* ou *rose gauloise*, dont on fait un grand usage dans la pharmacie ; la *rose à cent feuilles*, qui donne les plus belles fleurs et qui se divise en un grand nombre de variétés ; la *rose du Bengale*, qui fut apportée en France à la fin du dixième siècle ; la *rose pompon*, petite miniature de la rose, et qui fait le chef-d'œuvre du bouquet : cette espèce fut trouvée, en 1735, par un jardinier de Dijon, qui l'aperçut, en coupant du buis, sur les montagnes voisines de la ville ; la *rose trémière*, qui prend aussi le nom de *passe-rose* : elle est originaire de Syrie, et nous fut apportée par les croisés.

Autrefois, dans plusieurs villes de France, le droit d'élever des rosiers était restreint ; c'était un privilége particulier. On doit au roi René d'Anjou, grand amateur de fleurs, l'introduction en France des roses de Provins et des roses musquées.

souvenirs historiques auxquels se rattache la rose.

FÊTE DE LA ROSE, OU COURONNEMENT DES ROSIÈRES. — On attribue l'institution de la fête de la rose à saint Médard, évêque de Noyon, qui vivait dans le cinquième siècle, du temps de Clovis.

Ce bon évêque, qui, en même temps, était seigneur de Salency, près Noyon, imagina de donner, tous les ans, à la fille la plus sage de ses terres, une somme de 25 livres et une *couronne de roses*. Cette récompense devint, pour les filles de ce village, un puissant motif de sagesse. Frappé de ces avantages, saint Médard perpétua cet établissement, qui existe encore aujourd'hui dans bien des communes de France. Il y a peu de temps encore que le couronnement d'une rosière attirait la foule à Nanterre, village célèbre par la naissance de sainte Geneviève. Ces fêtes sont toujours accompagnées de cérémonies religieuses et de plaisirs champêtres.

Rose blanche et rose rouge. — Ces deux roses rappellent une des plus cruelles factions qui aient déchiré l'Angleterre.

Sous le règne de Henri VI, une querelle s'éleva, dans le jardin du Temple, entre les deux jeunes représentants de la branche d'York et de celle de Lancastre. A la suite de cette querelle, Edouard d'York cueillit une rose blanche, qu'il attacha à sa boutonnière, et Henri de Lancastre prit une rose rouge.

Plus tard, ces roses servirent de ralliement aux partisans de chacune des deux branches. Après une guerre civile longue et acharnée, la rose rouge prévalut, et le duc de Lancastre monta sur le trône d'Angleterre.

Le docteur Zeb et la feuille de rose. — Il y avait autrefois à Amadan, ville de Perse, une célèbre Académie, dont le premier statut était conçu en ces termes : « Les académiciens penseront beaucoup, écriront peu et ne parleront que le moins possible. » On l'appelait l'*Académie silencieuse*. Il n'était point en Perse de vrai savant qui n'eût l'ambition d'y être admis.

Le docteur Zeb, auteur d'un livre intitulé *le Bâillon*, apprit qu'il vaquait une place à l'Académie silencieuse. Il se présente; mais la place était déjà remplie. L'Académie fut désolée de ce contre-temps. Le président, chargé de répondre au docteur, fit remplir d'eau une grande coupe, mais si bien remplie, qu'une goutte de plus eût fait déborder la liqueur; puis il fit introduire le candidat. Il se présenta avec cet air simple et modeste qui accompagne toujours le vrai mérite. Le président se leva, et, sans proférer une parole, montra la coupe emblématique. Le docteur comprit qu'il n'y avait plus de place; mais il songea à faire entendre qu'un académicien surnuméraire n'y dérangerait rien. Il ramasse une feuille de rose, qu'il vit à ses pieds, et la pose si délicatement sur l'eau, qu'il ne s'en échappe pas une seule goutte. A cette réponse ingénieuse, tout le monde battit des mains, et le docteur fut reçu par acclamation. On lui présenta alors le registre de l'Académie, où les récipiendaires devaient s'inscrire. Il ne lui restait plus qu'à prononcer, selon l'usage, une phrase de remerciement. En académicien vraiment silencieux, le docteur remercia sans prononcer une parole : il écrivit le nombre 100 (qui était celui de ses nouveaux collègues), puis, en mettant un zéro devant ce nombre (0,100), il écrivit au-dessous : « Ils n'en vaudront ni plus ni moins. » Le président répondit avec autant de politesse que de présence d'esprit. Il mit le chiffre 1 devant le nombre 100 (1,100), et il écrivit : « Ils en vaudront dix fois davantage. »

Mme FERDINAND MARIE.

(La suite au prochain numéro.)

MODES.

Je me suis souvenue, chères lectrices, de la promesse que je vous ai faite, le mois dernier, de ne laisser échapper aucune occasion qui me mettrait à même de vous aider à composer des toilettes ; et grâce à vous, j'ai été de festin en festin.

Mais pourtant je dois dire qu'il ne m'a pas été possible d'être partout où l'on danse, partout où l'on s'amuse, car les bals succèdent aux bals, les concerts aux concerts avec une telle rapidité, qu'il faudrait avoir la force d'Hercule pour résister à tant de fatigues ; et outre la fatigue, il faudrait encore que les jours fussent doublés, afin de pouvoir goûter toutes les jouissances que nous offre l'hiver avec ses soirées enchanteresses.

Je ne pourrai pas vous parler de toutes les belles choses que j'ai admirées ; mais votre bon goût suppléera facilement aux indications que je serai forcée d'omettre.

On porte des robes de crêpe avec plusieurs jupes, ou couvertes de volants que l'on garnit d'un petit ruban de satin. Le satin sur le crêpe est d'un fort bel effet aux lumières.

Beaucoup de jeunes filles portent des robes de mousseline tarlatane avec trois jupes garnies d'un petit effilé de soie. C'est très-jeune et très-frais, et quoique je ne sois ennemie ni du satin, ni du taffetas, une jeune fille est, à mes yeux, dans sa parure véritable lorsqu'elle est enveloppée de flots de mousseline.

Cependant, pour vous montrer que je ne dédaigne point les autres tissus, je vais vous raconter la ravissante toilette que portait une jeune personne, l'un de ces derniers jours.

C'était une robe de taffetas blanc à deux jupes ; la seconde, coupée sur le côté jusqu'à la taille, était rattachée par des bouillonnés de tulle et des petits nœuds de satin blanc. Le corsage (dit mousseux) était aussi couvert de bouillonnés séparés par de petites barrettes de satin, et des nœuds à longs bouts, posés sur les épaules, complétaient cette mise qui, par son bon goût, fait honneur aux ateliers de Mme Quillet.

Mais hâtons-nous d'arriver à la toilette la plus brillante ; je dis la plus brillante, parce que les femmes qui la portent semblent avoir emprunté quelques rayons au soleil; et quoique je n'aime le soleil que là où Dieu l'a placé, je vais néanmoins vous mettre au courant de cette nouvelle fantaisie.

Figurez-vous une mousseline ou une gaze couverte d'étoiles ou de fleurs d'or, un corsage et des manches garnis avec des rubans d'or; dans les cheveux des boules, des plumes, ou encore des fleurs d'or, et vous aurez la copie exacte de ces parures éblouissantes. S'il m'était permis de faire une réflexion, je dirais : Je ne suis pas économiste. On dit que ces savants-là démontrent dans la perfection que le luxe de quelques-uns fait le bonheur de tous. Quant à moi, j'avoue que, ne pouvant me lancer dans d'aussi belles et aussi incertaines théories, je ne puis m'empêcher de penser qu'une robe d'or pourrait être remplacée par quelque chose d'aussi élégant et de meilleur goût peut-être, et qu'il se pourrait faire un plus utile emploi de tant d'argent prodigué à une seule toilette.

Mmes Ode font un genre de coiffure tout à fait nouveau. C'est une espèce de bourrelet de fleurs qu'on pose derrière, et qui, traversant les cheveux, vient se terminer sur les côtés par un nœud avec de longs bouts.

Les guirlandes mêlées de muguet et de boutons de rose vont à ravir, aux jeunes personnes surtout. Il y a une autre petite coiffure très-simple et qui sied très-bien ; c'est une bande plate ou une natte de velours épinglé que l'on pose sur les bandeaux, en ayant soin que les bouts passent sous les cheveux. On fait tourner cette traverse étroite autour de la tête, et on la termine sur le côté gauche par un simple nœud fait avec un ruban un peu large. Les jeunes personnes peuvent préparer cette coiffure elles-mêmes. On natte trois petits rubans ensemble, on fait un nœud simple avec des bouts assez courts, et on le place en arrière ; c'est très-facile à faire, et c'est en même temps une charmante coiffure.

Les toilettes de ville sont toujours à peu près les mêmes. Les bals ont tellement absorbé tous les instants, qu'il a été impossible de s'occuper de la parure qu'on porterait à la ville. Mais le carême, qui nous invite au recueillement, ralentira peut-être un peu l'ardeur des bals, et nous retrouverons alors aux Champs-Elysées cette foule d'élégantes, qui nous ramèneront, avec leur bon goût habituel, leur mise toujours si recherchée.

Les robes de taffetas, couvertes de volants jusqu'à la taille, ou garnies de velours posés à la grecque, continuent à être à la mode.

Je n'ai jamais vu tant de fourrures que cette année, mais je dois dire que c'est véritablement une très-belle chose. Le velours garni de fourrure est à la fois riche et comme il faut; il sert pour les grandes toilettes, et en même temps il peut être simple. Une femme, avec un de ces vêtements, avec un chapeau de velours noir orné de plumes et souvent recouvert d'une épaisse voilette, a une mise fort distinguée et un cachet de bon ton tout particulier.

Pour les jeunes personnes, une jupe de soie écossaise ou de la couleur que vous préférez, avec un petit caraco de velours noir couvert et prenant bien la taille, c'est une très-jolie mise et qui convient parfaitement aux jeunes filles.

J'ai vu un bonnet de soirée qui m'a paru charmant. Il était en blonde garnie avec des mauves frisées, très-tombantes sur le cou. Ces fleurs sont très-jolies pour coiffures.

Pour rester chez soi, le bonnet de dentelle, garni de touffes de ruban rose vif, va ordinairement assez bien.

On porte les gants bleu foncé, et d'autres vert-épinard; c'est peut-être très-joli, mais cela a le défaut de n'aller qu'avec fort peu de toilette.

La forme mousquetaire est très-commode; elle couvre le poignet et le serre plus que le gant découpé, qui a le défaut de remonter toujours sur la main.

On porte, pour le bal, des souliers de satin rehaussés avec de petits talons. C'est, dit-on, fort agréable, et ce doit être, parce que, de cette façon, la pointe du pied se trouve baissée naturellement.

Le mois d'avril nous ramènera certainement quelques beaux jours, et, avec eux, de ces mises coquettes qui sont déjà du printemps, et qui pourtant ont gardé quelque chose de l'hiver. Ce mélange donne souvent un charme infini à la toilette.　　　　　　　　ROSA DU SABLEN.

ÉCONOMIE DOMESTIQUE.

COMPTEUR PARLANT. — Voici une nouvelle invention qui promet de faire merveille. Grâce au *compteur parlant* de M. J. Lardin, les banquiers, les ménagères, les domestiques, toutes les personnes qui ont quelques calculs à établir, pourront se passer de papier, de crayon, et procéder à leurs opérations avec une exactitude mathématique ; placé entre les mains des enfants, le *compteur parlant* devient un jouet agréable et utile ; il leur apprend, sans peine, à composer et à décomposer les nombres, et leur enseigne, de la manière la plus simple et la plus facile, à retenir les premiers éléments de l'arithmétique. L'usage de ce compteur sera bientôt universellement répandu.

EXPLICATION DE LA PLANCHE DE BRODERIE.

Nᵒˢ 1. Gilet de dame fermé ; broderie au passé ou au crochet, à volonté.

2. Jupon ; broderie anglaise ; dessin de haute nouveauté.

3. Collier d'enfant pour broderie anglaise ; bord point de rose.

4. Entre-deux plumetis pour devant de chemise d'homme. Détacher un des bouquets de l'entre-deux pour faire les boutonnières.

5. Bout de cravate ; broderie au plumetis ou au passé, si c'est sur satin.

6. Dessin broderie anglaise et plumetis pour brides de chapeaux ou bout de tour de cou.

7. Ecusson en point de feston pour mouchoir.

8. Entre-deux en broderie anglaise.

10. Nom encadré dans un écusson pour broderie au plumetis.

11. Lettres ; broderie anglaise entremêlée de roues.

12. A. G., lettres enlacées.

13, 14, 15, 16, 17, 18. Lettres et noms ; broderie au plumetis.

Nota. Les personnes qui désirent se mettre en rapport avec le dessinateur, soit pour la vente en gros, soit pour la vente en détail, sont priées de vouloir bien s'adresser au bureau du journal, qui leur donnera l'adresse.

LOGOGRIPHE.

Salut, manne céleste, arbre majestueux,
Qui nourris l'Africain de tes fruits savoureux !
Si pendant quelque temps mon esprit se repose
Sur les sept pieds féconds dont ton nom se compose,

Je vois, en un instant, tous les mots se former ;
Mon logogriphe est fait ; je n'ai plus qu'à rimer. —
D'abord s'offre à mes yeux le gracieux emblème
De la gloire ici-bas ; — puis la blessure même
Faite par une épée ou par une arme à feu ; —
Le nom toujours si doux de la mère de Dieu ; —
La perle qui scintille au bord de la paupière,
Et trahit les efforts de l'âme la plus fière ; —
L'ingrate que je cherche et qui semble me fuir ;
Esclave, a dit Boileau, qui ne doit qu'obéir ! —
Le léger instrument qui, sur l'onde docile,
Fait doucement marcher une barque fragile ; —
Le flot qui la soulève ; — un oiseau babillard ; —
Le sabre ou le fusil que porte un vieux grognard ; —
Un chant plaintif ; — un jeu, jeu de force et d'adresse,
Auquel, sans déroger, se livrait la noblesse ; —
Du marcassin la mère ; — un outil ; — un poisson ; —
Un pieux pointu, posé debout sur l'écusson ; —
Ce que cherche l'abeille au fond d'une corolle
Pour emplir les parois de la blonde alvéole ; —
Ce qui fait la blancheur et l'éclat d'une dent ; —
Et des peines du cœur l'intime confident.

CHARADE.

Sur mon premier, lecteur, étendu chaque soir,
Je repose mon corps que la fatigue accable.
Aux jardins desséchés mon second rend l'espoir,
Et tu peux voir mon tout en te mettant à table.

Le mot du dernier Logogriphe est CALVAIRE, dans lequel on trouve, dans l'ordre suivant, les mots : cavalier, avarice, Alaric, cavale, varice, avarie, larve, Calvi, rival, avare, carie, avril, acier, livre, craie, Icare, rive, laie, lice, ivre, Vire, cire, cale, race, aile, raie, rail, aire, cave, lave, val, ara, arc, ail, lac, cil, lai, lie, île, vie, ver.

Le mot de la Charade est VER—GLAS.

Imprimerie de HENNUYER. Batignolles.

MORALE CHRÉTIENNE.

I.

Jeunes lectrices, vous élever l'âme, vous orner l'esprit en vous récréant, et vous initier aux connaissances utiles et pratiques de la vie, tel est le but de la *Bibliothèque des Familles.*

Or, pour atteindre le premier de ces objets, nous nous proposons de joindre, dans chaque numéro, aux contes ou traits d'histoire, aux fragments de littérature, et aux détails d'économie domestique, un article spécial où la morale et les vérités de l'Evangile seront exposées.

Un recueil destiné à l'éducation de la jeunesse serait incomplet, si la religion n'y avait pas sa large part.

Que le sérieux de ce prélude ne vous effraye pas cependant. Nous tempérerons la gravité des matières par de suaves légendes ou de gracieuses anecdotes. Si la religion est une reine dont la majesté imprime une crainte respectueuse, c'est une mère aussi, et ses amabilités attirent et réjouissent le cœur.

II.

La religion est le premier besoin des enfants d'Ève, et notre cœur, dit saint Augustin, s'inquiète et se tourmente jusqu'à ce qu'il vienne, *conduit par la foi et l'amour,* se reposer en Dieu. Elle nous est nécessaire comme les flots amers à l'alcyon qui prédit la tempête ; comme les champs de l'espace et les cimes de granit suspendues sur l'abîme, à l'aigle, roi des airs.

La plante, dont la racine est dans le sol, et la fleur tournée vers le ciel, se nourrit de la fraîche rosée et des feux du jour, autant que de la sève de la terre. Ainsi, l'homme ne vit pas seulement de pain, il lui faut la divine parole qui éclaire et fortifie.

III.

Et puis, jeunes lectrices, qui respirez l'air embaumé de votre printemps, cette vie dans laquelle vous entrez à peine, et qui vous apparaît, dans des rêves dorés, si belle et si pleine de charmes ; elle n'est, en réalité, à peu près pour tous que tristesse, déception et douleur.

Ses rares et courtes joies sont toujours mêlées de quelque peine. Point de beau jour ici-bas qui n'ait ses nuages ; point de lac si tranquille qui n'ait ses tempêtes.

Les chagrins, au contraire, nombreux et durables, seraient sans allégement, si la foi et l'espérance n'en diminuaient l'amertume.

La terre, maudite depuis la chute originelle, n'est plus l'Eden des premiers jours ; c'est la vallée des larmes.

Pauvre exilé, l'homme ne s'y nourrit guère que *du pain de tribulation et de l'eau d'angoisse* (IIIe livre des *Rois*, chap. XXII).

Qui donc le consolera? quelle lyre mélodieuse charmera ses ennuis mortels? quelle voix du ciel relèvera son courage abattu, en modulant pour lui les doux cantiques de la patrie?

La religion, bonne et tendre mère qui l'a reçu au berceau, qui le guide et le soutient dans les rudes étapes du voyage qu'on nomme la vie, et qui l'assiste à sa dernière heure.

Le calice que nous sommes tous condamnés à boire est souvent bien amer. Mais, pour en tempérer le fiel, elle y trempe les lèvres la première ; et son doigt béni, dirigé vers les cieux, nous y montre l'immortelle couronne, prix glorieux de la résignation et de la vertu.

Voyez cette jeune mère toute baignée de ses pleurs, et penchée sur le berceau de son enfant qui va mourir. Jamais âme ici-bas, si ce n'est celle de la Vierge Marie, ne fut navrée d'une plus grande douleur. Mais quel charme divin suspend tout à coup son angoisse? Elle a levé les yeux au ciel; et la foi lui montre, au milieu des anges, un trône d'or pour son fils, et l'océan de gloire et de bonheur dont les flots éternels vont l'inonder à jamais.

Eclairée par la sainte religion, elle a compris que son cher enfant quittait les douleurs et les misères de ce monde, pour les délices et l'ineffable joie du Paradis.

Cette douce persuasion la console, et ses larmes s'épanchent sans l'amertume du désespoir.

Ainsi, la religion est comme un baume sacré qui guérit les plus profondes blessures de l'âme. Quant aux peines ordinaires, elle répand, dans le cœur du chrétien qui les endure, tant d'onction et de paix, qu'elle les lui fait accepter sans murmure, et que même elle les lui fait aimer.

IV.

L'homme est sujet encore à bien d'autres misères. Une nuit obscure enveloppe son intelligence. D'où vient-il ? où va-t-il ? Il ne le sait. Sa raison d'être est une énigme, son existence un problème insoluble.

Qui dissipera ses incertitudes? qui portera la lumière dans le chaos de ses pensées?

Son cœur n'est pas dans un état moins lamentable. A quelques nobles sentiments, malheureusement trop faibles, ruines sacrées qui attestent sa primitive justice et la grâce céleste dont Dieu l'avait orné en le créant à son image, il mêle les instincts les plus bas et les plus pervers, fruits honteux de sa révolte, preuves authentiques de sa dégradation par le péché.

Le vent de mille passions mauvaises l'agite et l'emporte à chaque instant; il est précipité dans l'abîme du mal par leur entraînement irrésistible.

Qui redressera donc vers le ciel ce front noble encore, mais penché vers la terre? Pauvre aveugle, mendiant, sur le chemin du temps à l'éternité, le pain de la vérité et de la vertu, qui aura pitié de lui et lui rendra la vue?

Il n'y a que la religion, cette fille du Ciel, qui puisse porter dans l'âme de l'homme la vraie lumière, l'inébranlable conviction. Elle connaît seule, et peut seule lui apprendre le mystère de son origine et ses magnifiques destinées.

Elle est l'unique phare qui signale l'écueil, et qui indique le chemin du véritable port.

Hélas! sans la religion, perdu dans la nuit sur la mer orageuse de la vie, l'homme errerait sans pilote et sans boussole, emporté à l'aventure par tous les courants, et touchant contre tous les rochers.

Souvenez-vous du paganisme, des incroyables égarements de la raison, et de l'effrayante dégradation du cœur humain, en ces siècles de déplorable mémoire que le Christ n'avait point éclairés de sa lumière, ni régénérés dans son sang, et vous comprendrez que nous n'exagérons nullement la vérité.

V.

Or, jeunes lectrices, si tels sont les avantages de la religion, que nul ne puisse posséder, loin d'elle, ni la paix pour son âme, ni la vérité pour son esprit, ni la vertu pour son cœur; quand même elle ne serait pas l'unique source de la gloire éternelle, il faudrait l'embrasser avec amour et la suivre avec ardeur.

C'est donc sagement qu'on en fait la base de votre éducation, et que la *Bibliothèque des Familles* veut que ses divins enseignements figurent parmi les charmants articles qu'elle publie, comme la croix dans un bosquet fleuri, ou la Madone au milieu des roses et des lis.

L'abbé CHOUDEY,
Aumônier du collége de Sens.

LES LEÇONS DU RABACHEUR.

Mesdemoiselles,

Je vous ai envoyé mon portrait fait de profil, de trois quarts et de face : je vous ai dépeint l'homme et le professeur. Vous n'avez pas agi de même à mon égard ; mais je ne m'en plains pas, cette réprocité était inutile. Je vous connaissais toutes à l'avance, jusque dans les nuances les plus délicates de votre caractère. Je vous ai vues de chez moi, lisant ma première lettre, les unes avec un sourire moqueur, les autres en plaisantant, fort peu avec plaisir, encore moins avec attention ; quelques-unes même, après les premières lignes, ont tourné le feuillet et ont passé à quelque chose de plus amusant. Donc, je regarde la connaissance comme faite entre nous : il ne me reste plus qu'à tirer mon chapeau, à vous saluer, et à commencer notre seconde ou notre première leçon, comme il vous plaira de désigner celle-ci. Je ne me nomme pas pour rien le vieux rabâcheur ; si vous ne vous souvenez pas de la première leçon, je me charge du soin de vous la rappeler plus d'une fois.

Nous sommes convenus que la théorie doit céder le pas à la pratique ; les faits, aux observations générales sur les faits ou aux règles. Ainsi, nous ne commencerons pas *l'art d'écrire correctement* par la grammaire, c'est-à-dire par les classifications et les définitions des différentes parties du discours. Nous avons pour cela, indépendamment des principes que j'ai posés comme axiomes ou vérités fondamentales, deux motifs que vous apprécierez par goût et par raison. D'abord, il faut l'avouer (et il en est parmi vous qui le savent à leurs dépens), il y a plus d'épines que de roses dans le jardin de la grammaire, si jardin il y a. Les dénominations des différentes espèces de mots ne flattent l'oreille que médiocrement, les subdivisions de chacun d'eux ne sont pas plus harmonieuses, et les définitions présentent plus d'une difficulté aux intelligences non exercées : en résumé, je crois que celles de vous qui ont déjà étudié la grammaire ne la trouvent pas plus amusante que je ne la trouvais à votre âge. Remettons-en donc l'étude à l'époque où nous connaîtrons quelques-uns des faits qui y ont donné lieu, sur lesquels elle est appuyée. D'ailleurs, nous voulons apprendre l'art d'écrire correctement, et, pour atteindre ce but, la grammaire serait loin de nous suffire. A l'exception des verbes, dont les désinences sont spécialement du ressort de la grammaire, l'art de composer les mots est presque tout entier dans l'orthographe proprement dite : seconde raison pour nous préoccuper de celle-ci d'une manière particulière.

Où apprendrons-nous l'orthographe et comment? A la première question, vous allez répondre avant moi : Dans les voyages, dans les nouvelles, dans les légendes, dans les contes de fée, dans les articles *modes*, dans les romances... que sais-je? chacune suivant ses goûts particuliers et ses lectures favorites. Tout ce que vous voudrez, mesdemoiselles, pourvu que les grands parents soient de votre avis. Toutefois, comme le maître a aussi voix au chapitre, je vous ferai une observation. Ce qui nous importe, c'est d'apprendre l'orthographe des mots de la langue usuelle, familière. Ainsi, nous nous écarterions du but, en prenant pour base de nos études un livre spécial, et ne renfermant que des mots spéciaux : adoptons un ouvrage où se trouvent répandus et souvent répétés les mots ordinairement employés, où un dialogue fréquent fait passer de certains mots dans la plupart des formes qu'ils revêtent; avec ce point de départ, vous arriverez à bon port. Choisissez à présent ce qu'il vous plaira. Moi, je vous recommande le théâtre de Berquin, que le *Journal* met heureusement à votre disposition. A force d'apprendre dans ce livre la contexture des mots, et plus tard les applications des règles de la grammaire, vous finirez par savoir votre théâtre de manière à pouvoir, si vous voulez, en jouer les plus jolies pièces. Si le goût vous en vient, comme il m'est venu à moi, il y a soixante ans, je m'offre à vous servir tout à la fois de directeur et de souffleur, deux emplois pour lesquels j'ai des dispositions toutes particulières, et que je remplis avec délices, à raison de mes goûts pour la répétition.

Nous n'avons plus qu'à résoudre la seconde question : comment apprendre l'orthographe dans le théâtre de Berquin ou ailleurs? Nous ajournerons la réponse à une prochaine lettre, pour laisser votre intelligence s'exercer à deviner cette énigme, et dans la crainte de fatiguer votre patience, car j'aperçois des bâillements étouffés qui me prouvent que si je continuais, vous ne m'écouteriez plus que par pure politesse. En conséquence, je termine brusquement ma leçon avec la formule ordinaire.

LE VIEUX RABACHEUR.

(La suite au prochain numéro.)

LA NEIGE.

Au milieu de l'automne encor tout éclatant,
Sur les grands bois jaunis et sur les jeunes roses
Voici, qu'avant le temps, les neiges sont écloses,
Blanches fleurs de l'hiver, qui meurent en tombant.

Le matin s'est voilé sous l'épaisse atmosphère,
Et l'Océan neigeux, où le jour ne luit pas,
Vient rouler près du sol ses flots ternes et bas,
En jetant leur écume aux plages de la terre.

Plus de libre infini, plus d'idéal aux cieux !
L'azur a disparu sous le brouillard sans bornes ;
Et les oiseaux, transis, immobiles et mornes,
Sur les rameaux glacés restent silencieux.

Mais sous le jour vainqueur la neige enfin s'efface,
Le soleil et le ciel brillent dans l'horizon;
Et, ranimés soudain par le tiède rayon,
Les oiseaux tout joyeux s'élancent dans l'espace.

Ainsi tombent souvent sur le cœur matinal
Et la neige du doute et les brises glacées,
Qui répandent leur deuil sur nos jeunes pensées
Et font mourir en nous les fleurs de l'idéal.

Et l'âme devient morne et s'emplit de tristesse
En voyant s'obscurcir le céleste horizon;
Et le cœur, tout transi de désillusion,
Ne chante plus, muet dans sa froide jeunesse.

Puis Dieu, soleil des cœurs, épanche enfin ses feux;
Du doute alors s'en vont les ombres, les silences;
Et, comme les oiseaux, les saintes espérances,
En chantant le Seigneur, s'envolent dans les cieux.

Ch. ALEXANDRE.

HISTOIRE TRAGIQUE D'UNE IMPASSE.

Dieu, mes jeunes amis, nous fait participer dès cette vie à son éternité par un don merveilleux : la mémoire. A peine serez-vous arrivés à la moitié de votre carrière, que vous connaîtrez le prix de cette puissante faculté. Vos regrets du passé seront mêlés de douceurs si vraies, l'amertume de vos chagrins sera tempérée par la compensation de souvenirs si chers, que vous aimerez à vous réfugier à toute heure dans le monde lumineux des années perdues.

Les lieux que vous aurez habités, les visages que vous aurez connus et auxquels vous ne donnez point encore une attention suffisante, formeront derrière vous un grand tableau féeriquement peint, et vous vous retournerez chaque jour, au moins un instant, pour le contempler avec des yeux pleins de larmes.

Et remarquez que la magnificence des objets que vous aurez eu l'occasion de voir n'en fera point le prix. Des riens vous charmeront plus, vus au prisme de la mémoire, que les plus brillants spectacles et les plus vastes panoramas. La mémoire n'est pas seulement un prisme : c'est encore et surtout un microscope. Vous y regarderez des brins d'herbe et des mouches avec attendrissement.

Celui qui vous parle y voit notamment certaine impasse, close au fond par une vieille maison grise qu'il a habitée assez longtemps ; c'était dans une très-petite ville du Bourbonnais. La diligence de Paris passait là-devant, chaque jour, avec ses grelots et son grand bruit de ferraille; et les habitants de l'impasse, après avoir attendu la maison roulante peinte en jaune et avoir inspecté curieusement la figure plus ou moins hétéroclite des voyageurs, rentraient chez eux en échangeant quelques paroles et réveillant au bruit de leurs sabots les échos métalliques des vieux murs.

L'impasse n'était point pavée ; il y poussait de belle herbe verte et du *bouillon-blanc*, une plante sauvage aux grandes feuilles grises et à la gerbe longue et droite, couverte de petites étoiles couleur de citron. Le pied des passant savait tracé des sentiers dans cette sorte de préau; l'un conduisait à la porte de mon oncle; l'autre, plus large, à la porte de la forge, à gauche, car nous avions pour voisin un maréchal-ferrant; un embranchement à droite gagnait par un coude une petite masure à une seule fenêtre, habitée par une bonne vieille, propriétaire d'un rouet, d'une chèvre et d'un jardinet. Enfin, au coin gauche de l'impasse il y avait un petit cabaret tenu par une femme très-pâle et très-grognon, sèche et longue comme un peuplier. Chose étrange, le mari de cette femme, au lieu de porter le tablier et la casquette de loutre, comme tout cabaretier classique, avait des lunettes, une vilaine face où l'insolence le disputait à la bassesse, un habit noir râpé à basques en queue d'hirondelle, et de grands vilains pieds plats dans des bottes éculées. Il ne paraissait que de loin en loin dans l'impasse, et presque aussi rarement chez lui.

Le maréchal-ferrant était un bel homme grisonnant et fier, parlant haut, regardant droit, portant une barbe de sapeur courte et frisée, et maniant le marteau avec l'aisance et la sûreté de saint Eloi en personne ou de Vulcain, le saint Eloi de Lemnos. Ce brave artisan avait une belle grosse femme et de gais marmots dont l'aîné commençait à *émoucher*, avec une queue de crin noir, les chevaux que son père ferrait.

La petite vieille à la chèvre était la tante du cabaretier. Peu peuplée d'humains, comme vous le voyez, l'impasse en question l'était beaucoup d'animaux de toute espèce : chevaux amenés chez le maréchal, la chèvre de la vieille, des bandes de pigeons qui venaient s'abattre en roucoulant sur l'herbe du préau, des bandes d'hirondelles ayant leurs nids sous la voûte et dans les hautes cheminées de notre demeure. A cet inventaire, il faut ajouter de gros lézards gris qui *piquaient le soleil* sur les vieux murs, et tous les oisillons des champs avec leur gazouillis joyeux et leur pimpante allure, depuis le pinson et le bouvreuil, jusqu'à la grive affriandée par nos treilles.

C'était véritablement un paradis que ce lieu retiré, quand l'aurore venait à l'automne allumer les diamants de la rosée dans l'herbe et sur les feuillages, et que mille insectes s'envolaient de là, à mesure que le soleil rongeait l'ombre au pied des maisons.

Songeur par inclination dès l'enfance, je passais de longues heures à la fenêtre de ma chambre, dans l'étude et la contemplation de ce paisible coin du monde, n'imaginant rien de meilleur ni de plus riant au delà.

Mais, comme toute médaille a son revers et tout tableau son fâcheux aspect ou son défaut, l'impasse avait ses mauvaises heures et ses mauvais hôtes.

De l'idylle nous passerons brusquement ici au mélodrame.

Il y avait un chat qui employait à épier les petits oiseaux autant et plus de temps que moi, et qui trop souvent m'a donné le spectacle de ses cruelles chasses. Au printemps, il s'affriandait aux jeunes hirondelles, alors que vite lasses de voler, ces petites bestioles s'en vont percher sur la première branche qui se présente, et gazouillent en attendant de leur mère la faveur de la becquée.

Mon sournois apparaissait alors tout soudainement, et les pauvres petits avaient perdu un frère, avant de savoir seulement qui le leur avait pris. Je me souviens d'avoir jeté tout ce que j'avais sous la main à la poursuite du chasseur, sans jamais l'atteindre, et d'avoir vu parfois les parents ailés de l'oisillon fondre de biais sur le ravisseur, d'une aile si forte et d'une colère si bruyante, que le chat lâchait prise et fuyait devant le bec de quelques oiseaux.

Autre bête malfaisante et la plus terrible de toutes : le cabaretier. C'est ici le lieu de le portraiter au vif.

Cet homme chauve et râpé, en habit noir et en lunettes, était un tripoteur d'affaires, un courtier subalterne, un usurier.

C'était de ces gens qui tirent, comme dit le proverbe, dix moutures d'un sac. C'était le croquemitaine de l'endroit, mais un croquemitaine rampant et papelard, un polichinelle moins les bosses, le bâton et ces gais oripeaux dont la tradition a pailleté sa jaquette.

C'était, en un mot, un polichinelle honteux.

Je ne savais point précisément alors ce qu'on entend par usurier ; mais ce ne pouvait être, à mon sens, qu'un vilain homme, méchant comme une araignée, huileux comme un vieux quinquet. Et, à ce propos, disons, en passant, qu'il s'appelait justement M. Quinquet : comment croire au hasard ?

L'opinion générale et la mienne sur son compte semblaient partagées par les volatiles et les quadrupèdes de notre impasse rustique et fleurie ; car jamais il n'apparaissait sans faire hennir et ruer les chevaux, aboyer les chiens, et fuir les enfants à toutes jambes et les pigeons à tire d'aile.

On dit que les animaux ont la seconde vue. Je crois que les enfants l'ont aussi.

M. Quinquet n'abordait jamais sa tante que chapeau bas ; mais on disait qu'il la maltraitait à huis clos. La chèvre ne le voyait jamais venir sans arracher son piquet et se réfugier contre la maison de sa maîtresse, en baissant les cornes.

Mon premier grief personnel contre lui fut le meurtre qu'il commit en cassant, avec un fusil à vent, l'aile d'un magnifique pigeon pattu de mon oncle, un jour qu'il croyait tout le monde parti pour la foire de Saint-Pierre, et qu'il voulait garnir sa broche sans bourse délier.

Par hasard, le maréchal était encore chez lui ; il sortit incontinent, vit la palombe se débattre douloureusement sur le sol, jeta un rapide coup d'œil du côté du jardin de la guinguette, et, haussant les épaules, grommela quelque chose comme :

— Oh! le misérable gueux!

La tête de Quinquet avait paru et disparu par-dessus le mur.

Le bon maréchal prit le pigeon, et, lui rajustant l'aile, l'apporta chez nous, en disant :

— Voyez comme le Quinquet a accommodé votre joli *culbutard*. Pauvre mignon, nous ne le verrons plus peloter au soleil!...

Le pigeon ne survécut point à ses blessures, et la vieille Marthe de ma tante ne voulut pas consentir à en faire un plat.

— De la volaille tuée par un sorcier avec un fusil sans poudre! Doux Jésus, il ne faut pas goûter à cela!

J'allai donc avec une bêche ensevelir mon pigeon sous un rosier.

Le second de mes griefs contre Quinquet fut de lui avoir vu immoler un porc devant la porte de sa maison, à l'angle de l'impasse. Cet affreux spectacle me fit une impression si cruelle, que j'en rêvai pendant huit nuits. Ah! mes jeunes amis, la hideuse chose qu'un homme en lunettes et en gilet de soie noire avec un tablier taché de sang, un couteau sanglant à la main, et la bouche tordue de côté par un mauvais rire, devant une pauvre bête qui râle! Quel souvenir! et quelle peur il me fait encore!

Un de mes scrupules date de cette époque. Je ne m'étais point encore figuré que ces beaux jambons roses, que l'on entamait à Pâques, fussent les quartiers d'une bête morte dans de semblables tourments. Il est vrai que tous les bouchers n'avaient point, comme Quinquet, ces mains crochues, cette contenance honteuse et cet œil vitreux, dont chaque regard équivalait à une insolence ou à une polissonnerie, ni surtout cette sale et noire défroque, que l'imagination, à tort ou à raison, prête volontiers à l'homme engagé dans le chemin du bagne. Mais, enfin, — quel que soit le boucher — de quel droit tuons-nous pour vivre? Les pommes sucrées et les molles châtaignes dont parlent les bergers de Virgile ne sauraient-elles suffire, avec de bons fromages et le sang de la vigne, à la nourriture des humains?

J'ai soumis ce scrupule à plus d'un mangeur de côtelettes et de biftecks de ma connaissance, et nul ne m'a répondu sérieusement, ni donné d'explication satisfaisante : je crois que le goût du sang de bœuf et de mouton leur avait déjà un peu endurci la conscience...

Bref, le pigeon blessé et le porc égorgé me restèrent sur le cœur. A la paisible jouissance de mon horizon riant et borné se mêla l'inquiétude de voir paraître inopinément l'usurier. Combien je préférais voir le bon maréchal à l'ouvrage ou même (il était un peu vétérinaire) occupé à saigner proprement et délicatement des mulets ou des chevaux ! Ceux-ci, du moins, s'en allaient comme ils étaient venus, sur leurs quatre pieds, et n'en mangeaient que plus gaiement leur picotin !

Enfin, un jour, un terrible jour d'automne, mon oncle, ayant fait venir des maçons pour refaire un gros mur, ceux-ci creusèrent devant notre maison, au fond du cul-de-sac, une vaste fosse pour y éteindre de la chaux.

Sur le soir, M. Quinquet vint rôder autour de la fosse qui fumait encore, considéra nos fenêtres, dont les contrevents étaient déjà clos, mesura l'espace étroit laissé libre entre ce grand trou et la porte de la maisonnette de la vieille voisine.

Il faisait grand vent, des myriades de feuilles jaunies tourbillonnaient dans l'air et venaient s'abattre dans l'impasse ; la lune mouillée ne montrait son disque pâle que de temps en temps, à travers les nuées.

Quinquet prit le piquet de la chèvre, le planta vers l'angle de la fosse, attacha quelque chose à ce piquet, alla, vint, et finit par s'éloigner sans bruit, comme un fantôme ou comme un mauvais rêve.

Le bruit, si cher encore à mon souvenir, du marteau sur l'enclume tenait seul à cette heure les échos en éveil. Il n'y a rien qui berce, à distance, comme ce tintement argentin, s'il n'y a rien qui réveille mieux dès l'aube, avec le chant du coq.

Je me souviens qu'à chaque coup frappé en cadence, une lueur plus vive éclairait l'intérieur de la forge, et projetait un éclair dans la rue, à travers les carreaux de vitre fêlés. Quand la silhouette de l'homme noir passa dans le rayon rouge de la forge, son profil ignoble me parut plus hideux que de coutume.

L'œuvre du jour terminée, une heure ou deux après le coucher du soleil, le forgeron sortit avec sa pipe à la bouche, et ses sabots se dirigèrent de notre côté. Le brave homme ne vint pas jusqu'au bord de la fosse, par bonheur pour lui peut-être ; car il y avait un gros fil de fer tendu entre le piquet et la muraille, assez près du trou pour qu'en s'y heurtant sans le voir on courût le risque de tomber dans un bain de chaux vive, et assez loin du bord pour qu'on ne le vît point sur le fond blanc du fossé.

Mais s'il y avait des chances pour qu'un gaillard robuste et ferme sur ses jambes, comme le maréchal, brisât le fil de fer d'un coup de pied, il y en avait plus encore pour qu'un vieillard ou qu'un enfant, marchant à tâtons, vînt tomber dans cet abominable piége.

Or, ni le maréchal ni moi, ne vîmes le fil de fer. Il alla se coucher ; je l'imitai.

Une heure après, des gémissements douloureux nous réveillèrent en sursaut.

On courut aux portes et aux fenêtres avec des lanternes, et l'on vit la pauvre vieille se débattre au fond du fossé, qui, un moment plus tard, lui aurait servi de tombeau. Les cabaretiers ne bougèrent pas, quoique l'on fît beaucoup de bruit. La vieille fut retirée de la fosse en mauvais état ; mon oncle, au désespoir d'avoir été la cause involontaire de ce malheur, examina avec soin les abords, et découvrit le fil de fer détendu par l'effort, et le piquet brisé par la chute de notre pauvre voisine. Il les indiqua d'un geste au maréchal-ferrant.

— Qu'est ceci, compère ? fit-il en pâlissant.

— C'est bien simple, répondit le vieux soldat, dont les yeux flamboyaient de colère ; c'est bien simple, monsieur : c'est l'héritier du coin qui aura trouvé le temps trop long.

Ce mot nous fit tous frémir, et mon oncle repoussa d'abord cette accusation si hardiment formulée. Mais le maréchal et Marthe la cuisinière échangèrent un regard d'intelligence.

— Il savait bien qu'elle était allée à la veillée chez les Rigaud, dit Marthe.

— Quelqu'un d'ici, dit l'artisan, a-t-il jamais regardé M. Quinquet en face ?

— Et, ajouta Marthe, qui n'a pas vu *comment il fait de l'œil et du nez quand il tue des cochons ?*

En vérité, si nous n'avions pas été si tristes de l'accident, nous aurions tous éclaté de rire. Marthe mit la vieille au lit et lui donna ses soins, et le lendemain arriva.

— Ça finira mal, avait dit le maréchal d'un ton solennel et fatidique, en essuyant dans l'herbe ses mains et ses sabots, qu'il avait blanchis de chaux en portant secours à la voisine.

Au petit jour je fus réveillé par un grand bruit : le maréchal frappait à la porte du cabaret ; il avait les manches retroussées, et devant lui son grand tablier de cuir.

— Qui frappe ? demanda la cabaretière à la fenêtre.

— *Ce n'est pas encore le bon Dieu*, répondit le paysan, dans sa rustique éloquence. J'ai deux mots à dire à votre homme.

Il se fit un silence redoutable. Enfin, la porte s'ouvrit et l'usurier parut.

On eût dit qu'il ne s'était pas couché de la nuit. Il avait son habit noir et ses lunettes.

Le maréchal ne lui dit rien ; mais il le prit par le milieu du corps, lui passa prestement les mains derrière le dos, et le porta je ne sais comment au bord du fossé, avec des bras d'Hercule.

— A qui le fil de fer ?

— A qui ? fit le cabaretier fort pâle ; mais il ne répondit pas.

— Qui est tombé là cette nuit ?

— Qui ? fit encore le cabaretier, que la terreur faisait balbutier, mais dont une terreur plus grande, celle de son forfait, rivait la langue aux dents, et les lèvres l'une à l'autre.

— Tu vois bien que c'est toi ! reprit le maréchal sur le même ton et le tenant toujours au-dessus de la fosse.

— Grâce ! râla l'usurier.

— Non, avoue ! dit le maréchal.

— Non, répéta machinalement l'usurier.

— Prends garde !

Et le forgeron le secouait, le secouait.

Les voisins s'ameutaient, j'appelai mon oncle. Un brigadier de gendarmerie parut à l'entrée de l'impasse.

Le cabaretier se dégagea par un effort désespéré, tomba la tête la première dans la fosse, se releva couvert de chaux et de sang, bondit dehors comme un chat, s'engouffra sous le porche de notre maison et disparut par le jardin, en franchissant les murs et les haies, jusque dans la campagne.

Mais tandis que le maréchal s'élançait à sa poursuite, le brigadier inspectait les lieux, rendait visite à la vieille, et questionnait les voisins et la femme du cabaretier.

Celle-ci le prit sur un ton très-haut, dit qu'il était à sa connaissance que son mari avait tendu le fil de fer justement pour empêcher sa vieille tante de tomber dans le fossé ; que la dénonciation du maréchal était une vengeance de celui-ci, et que les mauvais traitements qu'il venait de faire subir à son mari criaient justice. Bref, elle fit tant de bruit, invoqua tant de saints du paradis et de témoignages favorables sur les sentiments de Quinquet pour sa tante, que le maréchal se vit, à quelque temps de là, prévenu d'une accusation de coups et blessures avec préméditation, sur la personne du cabaretier.

Mais cette partie du drame fut courte, grâce à l'intervention de mon oncle, et plus encore à celle de la Providence, qui dénonça le vrai coupable et se chargea du châtiment,

La mort de la vieille, par suite des blessures que sa chute et la chaux vive lui avaient faites, précéda de peu celle de son neveu et héritier, lequel revenu chez lui, et succombant au concert de malédictions qui s'élevaient contre lui de partout, et même de sa conscience, se pendit dans le grenier de la guinguette, après avoir mis le feu à sa maison.

Tout brûla, il ne demeura pas pierre sur pierre.

Le maréchal, acquitté, rentra dans sa quiétude laborieuse, l'impasse dans sa sérénité primitive. Une maison neuve s'élève aujourd'hui sur les ruines de la maison de Quinquet. Enfin, plusieurs générations d'hirondelles et de pigeons ont vécu en paix dans le préau et ses environs depuis ce sinistre, grâce à la mort du chat, arrivée, à ce que prétend Marthe, dans l'incendie du cabaret.

La même autorité, aujourd'hui bien vieille et passablement radoteuse, prétend qu'aux anniversaires de cet événement tragique l'usurier et le chat reparaissent vers minuit dans l'impasse, l'un traînant l'autre, et le cou passé dans deux nœuds coulants pratiqués aux deux bouts de la même corde. C'est pitié de les voir l'œil sauvage et sanglant, le geste brusque et désespéré, tirant chacun sur ce lien mystérieux qui les étrangle ; et puis se jetant l'un sur l'autre et luttant enlacés, des ongles et des dents, jusqu'à l'heure où le coq chante, où l'aube cerne l'horizon d'une raie blanche, et où le maréchal frappe sur son enclume son premier coup de marteau.

N. B. — L'apparition, dont Marthe est le témoin presque unique, se change alors subitement en un tourbillon de feuilles sèches.

Voilà, jeunes amis, la véridique histoire que je retrouve dans un coin de mes premiers souvenirs.   OSCAR HONORÉ.

MIETTES DE POÉSIE.

—

SONNET.

Du fond de ton berceau regarde bien ta mère,
Mon petit enfant blond. Ta mère, tout le jour,
Mieux qu'à toi ne sourit à nul sur cette terre,
Pour nul plus que pour toi, n'a de soins et d'amour.

Empreins ton cœur naïf de cette image chère,
Garde ce doux sourire, et ne laisse, à leur tour,
Aucune autre figure effacer la première,
Cette seule qui soit digne de ton retour.

Plus tard, tu seras grand, puis vieux, tempes veinées,
Tout courbé sous le poids de tes longues années :
Eh bien! même à cette heure, à l'heure du tombeau,

Une dernière joie, une faveur laissée,
Ce sera de revoir, à travers la pensée,
Ta mère souriante auprès de ton berceau !

Amédée Bourgeois.

L'HOMME DES SAULES.

CONTE.

I.

La folle! la folle! criaient les enfants de Saint-Florentin, moitié riants, moitié tremblants, à l'aspect d'une pauvre fille drapée dans un vieux châle bleu, et coiffée de haillons rouges, marchant, comme l'héroïne d'une tragédie, sur le chemin des Saules. Les enfants riaient beaucoup de son bizarre accoutrement. Mais le vague de son regard, mais la tristesse de son visage, extrêmement pâle, leur causaient un effroi indéfinissable.

L'ignorance et l'absence de réflexion couronnent toujours les choses surnaturelles d'un plein succès. Plus tard, ces enfants, devenus des hommes, n'auraient point ri des haillons tristement comiques de cette malheureuse créature ; ils les auraient au contraire vus à travers les larmes de la pitié ; ils n'auraient point eu peur, non plus, de cette tristesse mieux expliquée. C'est quand on a senti le chagrin, que l'on comprend le naufrage de la raison. La pitié a deux mères : l'expérience et la douleur ; l'âge amène l'une, la vie donne l'autre.

Donc ces enfants répétaient à tue-tête : La folle! la folle! La pauvre fille marchait d'un pas égal, sans rien entendre, sans rien dire. Elle passa près du moulin situé au pied de la petite ville.—Le moulin chantait, le meunier chantait ; elle n'entendit ni le moulin ni le meunier.—Bientôt elle dépassa les nombreux peupliers qui longeaient le canal, s'enfonçant dans les prés, au milieu des ormes qui bruissaient sous le souffle du soir.

—Pauvre fille ! murmura un vieux bûcheron qui regagnait péniblement sa demeure, la voilà qui prend, comme toujours, le chemin des Saules. Que Dieu ait pitié de son âme ! Rentrez chez vous, enfants !—Et l'on ne vit plus, à travers les arbres noirs et tordus, qu'une ombre silencieuse s'effacer de plus en plus, mourir dans l'éloignement, puis disparaître.

En ce temps-là, une pauvre femme vivait dans un faubourg de Saint-Florentin. Restée veuve avec deux filles, elle pourvoyait tant bien que mal à l'existence de sa famille, le battoir aidant : la veuve Grémi était laveuse.

Ces deux filles se nommaient : l'une Mariette, l'autre Rosette. Mariette était la plus jeune des deux sœurs. C'était une créature simple, ne songeant qu'à ranger le ménage, adoucissant autant qu'il lui était possible la tâche pénible de sa mère. C'était une de ces vertus qui naissent et meurent dans l'ombre, après avoir accompli leurs devoirs sans ostentation ; ne croyant pas avoir mérité beaucoup dans l'estime du prochain, pour être demeurées sages et bonnes. Mais qu'elle le voulût ou non, Mariette était aimée, vantée, admirée de tout le voisinage. Il y a sur la terre une vertu que personne ne s'avise d'envier ; cette vertu, c'est la modestie. Mariette n'avait point d'envieuses ; Mariette était une véritable fleur des champs. Elle fût morte certainement, si quelqu'un se fût avisé de l'arracher à sa terre natale. Bien qu'elle eût dix-huit ans, elle ne soupçonnait pas qu'il pût exister un autre ciel que celui qui se levait, triste ou gai, sur la chaumière de la veuve Grémi.

Rosette n'était pas moins aimée ; cependant, les voisins ne pouvaient s'empêcher de remarquer son peu de goût pour les travaux rustiques, son éloignement pour les soins uniformes du ménage. Sa pauvre mère, quelques instances qu'elle fît, n'avait jamais pu la décider à conduire paître la vache, cette seconde nourrice du chaume. Mettre un peu de bois sous la marmite où cuisaient les pauvres aliments de la famille, était pour cette enfant une peine véritable. Rosette passait de longues heures à regarder se promener les dames dans les allées du château, orgueilleux voisin de la chaumière. C'était alors que sa cornette semblait lui peser au front, comme une mauvaise pensée. Elle se prenait à pleurer, et venait s'accroupir dans l'âtre, rêvant de mille choses insensées :

La soie et l'or !...

II.

Un jour, cependant, Jean-Louis, gros garçon du village, son fiancé, bon travailleur et frais luron, par qui plus d'une fille de l'endroit aurait été fière d'être conduite à l'église, lui disait :

— Nous n'avons pas d'ambition, nous voulons avant tout aimer notre femme, et nous pensons qu'un peu de bien de notre côté, si ce n'est pas une preuve suffisante que nous l'aimons, en le lui offrant de tout cœur, cela au moins lui prouvera que nous n'entendons pas qu'elle entre chez nous avec la misère, toujours boudeuse et querelleuse. Voilà pourquoi, Rosette, nous sommes fier d'avoir un peu de bien au soleil.

Rosette rougit.

— C'est vrai, dit-elle, vous me rappelez en effet que je ne possède pas un pouce de terre au soleil, moi.

Jean voulut lui prendre la main, Rosette se leva.

— Vous nous boudez ! reprit Jean un peu déconcerté et ne comprenant pas comment une parole du cœur pouvait effaroucher les susceptibilités de l'esprit. Nous ne pensions pas que la parole droite d'un honnête garçon pût vous causer du chagrin. Tenez, Rosette, vous êtes trop fière. Cela nous va mal, à nous autres pauvres diables ; il faut laisser cela au monde qui n'a rien de mieux à faire. Et d'ailleurs, chacun sait que vous pouvez sans honte faire marcher sur la même route vos jolis sabots de bois de noyer, de pair avec mes lourds souliers ferrés.

Rosette fit un effort pour dérober sous elle ses jolis sabots de bois de noyer.

— Certainement que votre cotillon de laine bleue rayée vaut bien notre rude sayon de toile grise, continua Jean.

Rosette retomba sur sa chaise avec la rapidité de l'éclair, et comme dévorée par le cotillon de laine bleue rayée.

— Et si quelque chose doit rougir, c'est véritablement notre gros bonnet noir de chènevis, quand nous vous rencontrons au marché avec votre blanche cornette, si coquette, si finement plissée, ajouta-t-il encore.

Rosette crut sentir tomber la foudre sur sa cornette si coquette, si finement plissée. Elle courba la tête.

— Nous ne sommes pas si riche que le marquis de Carabas, continua Jean ; cependant nous voulons, pour notre entrée en ménage, élever notre petite maison d'un étage, y ajouter une aile, l'entourer d'un grand mur en craie, avec porte en briques rouges de Bourgogne. A l'heure qu'il est, deux belles poules couveuses travaillent à nous préparer une riche basse-cour. Poussins et canetons attendent votre apparition, pour casser leur coquille et voler au-devant de leur gentille fermière. Carillon, ma belle vache blanche, nous promet une taure avant peu. La moisson va combler ma grange, et la vendange la vinée. Mettons-nous à genoux demain, sous la bénédiction de M. le curé ; vous serez, nous l'espérons, la plus heureuse des femmes, et moi le mieux partagé des maris.

— Nous avons le temps, reprit Rosette d'un petit air fort sec ; qui nous presse ?

Tout le dépit de Jean se trahit à ces paroles :

— Voilà une méchante réponse, mademoiselle ; cette réponse-là, vous ne la feriez sans doute pas à l'homme vert, qui passe et repasse tous les soirs devant la porte de votre maison, ajouta le pauvre garçon avec amertume.

En effet, un homme d'une physionomie singulière, portant un costume bizarre, le front couvert d'une toque verte que surmontait une grande plume verte et flottante, enveloppé dramatiquement dans un long manteau vert, passait et repassait tous les soirs devant la maison de Rosette et ne s'éloignait que lorsqu'il avait aperçu la jeune fille et qu'il avait été vu par elle.

Rosette devint rouge comme une cerise.

— Monsieur Jean, s'écria la jeune fille avec aigreur, il me semble que vos outils se rouillent dans la cour.

— Je vais les rejoindre, reprit Jean, le cœur un peu serré.

Comme il sortait, une voix d'une fraîcheur extrême s'écriait « : Rosette ! Rosette, viens donc m'aider, je n'en puis plus. » C'était la voix de Mariette qui revenait du ru avec une grosse charge de linge au dos. Ce fut Jean qui aida à Mariette à se débarrasser de sa hotte.

— A la bonne heure, voilà une brave fille, s'écria Jean en affermissant le fardeau de la petite Mariette le long du mur ; puis il s'éloigna.

— Merci, monsieur Jean, lui répondit Mariette, non pour le compliment, mais pour le service.

Jean disparut sans répondre.

Mariette s'occupa d'étendre son linge sur la haie du jardin.

III.

Rosette se mit à dévorer les pages d'un mauvais livre que lui prêtait, en cachette, une femme discréditée dans le pays. Ce volume était comme un souffle de l'enfer. Tous les fastes de la terre, tout l'orgueil du monde y étaient présentés sous les couleurs les plus séduisantes, les plus perfides.

L'Evangile était abandonné dans la poussière, sur le vieux manteau de la cheminée. Le mauvais livre ne la quittait plus. Ce jour-là, la dose d'extravagances que lui servait son imagination avait atteint un degré de surexcitation tel, qu'il était impossible à la folie même de la surpasser.

Mariette entra toute mouillée encore de l'eau du ru. Rosette cacha son livre avec précipitation. Elle avait des larmes plein les yeux.

— Qu'avez-vous donc, bonne sœur? lui dit Mariette, en jetant une brassée de sarments dans l'âtre, pour faire sécher ses vêtements.

— Nous n'avons rien, lui répondit Rosette, que la question importunait.

— Vous pleurez donc pour votre plaisir, bonne sœur? fit la petite laveuse, souriant avec malice; et la petite Mariette se mit à babiller sans que sa sœur l'écoutât.—La journée aujourd'hui a été bonne; jamais les oiseaux n'ont été plus gais, les arbres plus verts, l'eau plus douce; notre goûter sur l'herbe, au bord du lavoir, à l'ombre des grands tilleuls, nous aurait fait bien du plaisir si le soleil n'avait pas dardé si dru autour de nous; jamais le battoir ne s'est trouvé si léger dans nos mains; la fatigue était comme endormie dans les joncs. Aussi, bonne sœur, votre cornette est blanche comme la fleur de l'aubépine; votre tablier, rouge comme un coquelicot; votre robe, claire comme un bluet de nos champs.

La nuit tomba; on entendit le roulement précipité d'un équipage rentrant au château : c'était une calèche, elle s'arrêta. Des dames en descendirent lestes et riantes. Rosette les vit et soupira; Mariette poussa un cri et sembla s'évanouir : ses yeux avaient rencontré les yeux verts de l'*homme des Saules*. Les dames s'enfoncèrent sous les allées ombreuses du château ; l'homme vert disparut. La mère Grémi entra sous le chaume; Rosette essuya ses larmes, Mariette oublia son effroi. Rosette se prit à sourire, Mariette crut avoir rêvé, tellement rêvé qu'elle ne s'aperçut pas que Rosette cachait dans sa poitrine un billet que l'homme vert avait déposé mystérieusement sur la petite fenêtre ouvrant sur le jardin.

— Soupons, enfants, fit la veuve Grémi, et l'on soupa.

IV.

Le village dormait profondément, lorsqu'aux premiers coups de minuit la porte de la maison de la veuve Grémi s'ouvrit et tourna lentement sur ses gonds. Une personne, pâle et tremblante, sortit en toute hâte, tenant ses sabots à la main, marchant le plus légèrement possible, osant à peine toucher la terre du pied. La porte se referma comme elle s'était ouverte. Cependant la veuve Grémi, qui ne dormait pas, crut entendre un mouvement inaccoutumé dans la maison, à cette heure. Elle se leva, puis alluma la lampe...

Suivons Rosette, car c'était elle qui se dirigeait à toutes jambes vers la vallée des Saules.

Le mystérieux billet avait produit son effet mortel. Cette démarche de Rosette en était la réponse.

« Tu seras reine si tu le veux, jeune fille. Demain ta beauté effacera la « beauté des dames du château. Je puis mettre à tes pieds la parure d'une « impératrice, tous les plaisirs du monde, toute la puissance des rois; tu « seras aimée, admirée, obéie. Viens à nous, comme nous venons à toi. A « minuit; demain sera trop tard. A la vallée des Saules. Signé : *l'Homme* « *des Saules.* »

Rosette avait de la résolution. Elle quitta sans chagrin le toit paternel, elle arriva sans terreur au lieu désigné. L'infernal billet, en passant sur sa poitrine, semblait lui avoir desséché le cœur. Comme elle arrivait, quelqu'un lui dit, avec un sourire diabolique : « C'est ici. » Elle s'arrêta. C'était la voix de *l'homme des Saules.* « Entrez, lui dit-il, dans le tronc caverneux de ce vieil arbre, c'est la porte seigneuriale de nos châteaux », ajouta-t-il avec le ton d'une moquerie imperceptible. Rosette entra sans répondre. Il la suivit. Le vieux saule trembla des racines aux branches, et Rosette se trouva transportée dans un lieu enchanté, éblouissant de lumière, d'azur et d'or.

— Voici vos appartements, belle Rose, lui dit tranquillement l'homme mystérieux, en la conduisant par la main.

Alors il se passa une de ces scènes de sorcellerie dignes de l'enchanteur Merlin. Les jolis sabots de bois de noyer, tant admirés du pauvre Jean, s'étaient changés en jolies bottines de satin blanc, à talons rouges, et lacées d'un ruban d'argent. Son cotillon de laine bleue rayée s'était transformé en soie d'une blancheur si éblouissante, d'une coupe si parfaite, d'un ajustement si rare, qu'elle semblait tissée, taillée, ajustée par la main de quelque petite fée. Rien ne peut exprimer l'art qui avait présidé à sa coiffure; un peigne en or, ruisselant de pierreries, brillait comme une flamme dans ses cheveux noirs, lisses et abondants; un collier du plus vif corail tournait comme un cordon de feu sur son cou de neige; à ses doigts, des diamants d'un prix inestimable jaillissaient comme de vives étincelles; des bracelets d'or massif, surmontés des plus riches topases, entouraient ses bras.

Une psyché se dressa en face de Rosette. Quand Rosette se vit ainsi, elle pensa mourir de joie.

— Rose, luit dit alors l'homme mystérieux, il faut que vous deveniez ma femme. Qui je suis, peu vous importe; il faut seulement que vous sachiez que je possède une puissance inconnue aux hommes, laquelle puissance me fait plus riche que les mines d'argent et d'or. La science n'a pas de secrets pour moi; c'est d'elle seule que je tiens ma puissance.

— Oui, monseigneur, répondit Rosette, ne pouvant se lasser de s'admirer.

— Il la conduisit, par la main, dans ses jardins immenses, pleins des fleurs les plus rares, plantés des fruits les plus recherchés de la terre; des milliers d'oiseaux aux plumages les plus variés, venus des climats les plus lointains, voltigeaient et chantaient. Le jour était étrange dans ce jardin; c'était comme un jour sans soleil, comme un soleil sans chaleur. Rosette en ressentit cependant un secret effroi. Comme elle passait sous un églantier fleuri, l'*homme des Saules* secoua cet arbre, des roses en tombèrent avec abondance et s'attachèrent d'elles-mêmes à la robe blanche de Rosette. Et, s'avançant encore sous une immense haie, l'*homme des Saules* en secoua la rosée; des milliers de perles se fixèrent dans les cheveux de la jeune fille, sur ses jolies bottines, dans les roses qui relevaient l'éclat de ses ajustements; puis, un petit brouillard s'éleva tout à coup, se fixa au-dessus de Rosette, l'enveloppa, s'attacha sur ses épaules. L'homme mystérieux étendit la main, et ce brouillard devint un long manteau d'azur; puis, levant les yeux au ciel, soudain mille étoiles se répandirent dans les plis de cet impérial manteau. On passa dans la cour : des andalous piaffaient d'impatience, attelés à un équipage d'un vert sombre; des branches de saule encadraient des armoiries dont on ne pouvait deviner la signification; un cocher richement galonné tenait les guides. A l'approche de l'homme mystérieux, deux laquais vinrent ouvrir la calèche : l'*homme des Saules* et Rosette y montèrent avec précipitation, les deux laquais prirent silencieusement place derrière. L'équipage partit au grand galop.

— Où donc allons-nous? dit Rosette à l'*homme des Saules*.

— A Paris! répondit ce dernier; et la voiture allait, allait d'un train d'enfer.

Comme Rosette passait devant la maison de sa mère, qu'elle avait quittée une heure auparavant, elle entendit un immense soupir, quelque chose comme le râle d'un agonisant, puis des sanglots. La veuve Grémi expirait, Mariette pleurait. Les chevaux firent un mouvement de recul, le cocher fouetta, les chevaux repartirent, faisant feu des quatre pieds.

— Que vous êtes belle ainsi! lui dit alors l'*homme des Saules*.

Rosette oublia le soupir et les sanglots du chaume pour sourire au compliment. Cependant elle n'avait pu s'empêcher de dire : Quels sont donc ces soupirs? d'où viennent ces sanglots? L'homme avait répondu : « C'est le vent qui souffle dans les arbres du chemin. » Ce n'est pas à dire non plus qu'elle oubliât tout à fait sa vieille mère et sa bonne sœur Mariette; mais comme l'orgueil étouffe les meilleurs sentiments, cette enfant, dévorée d'orgueil, ne s'y arrêta pas.

V.

La voilà à Paris, courant le monde et les plaisirs, et conduite toujours par l'homme étrange qui l'avait ravie au pauvre village. Un secret tourment commençait à dévorer le cœur de Rosette : l'ennui la gagnait. Il y a une voix dont on se débarrase difficilement, dont on ne se débarrasse guère; cette voix, c'est celle de la conscience. Elle commençait à troubler le cœur de Rosette. Il lui prenait de violents désirs d'aller se jeter aux pieds de sa mère. Son cœur, amolli par les plaisirs, était incapable d'exécuter une pareille résolution : elle ignorait la mort de la veuve Grémi. La pauvre femme s'étant levée, comme nous l'avons dit, ayant rallumé sa lampe, s'était aperçue de la fuite de Rosette. Le billet, trouvé à terre sur le seuil de la porte, lui avait tout expliqué. Elle fut frappée comme d'une attaque d'apoplexie. Elle expirait comme sa fille fuyait en équipage, en passant devant sa porte ; les sanglots que Rosette entendit étaient les plaintes de sa bonne sœur Mariette, qui ne savait à qui se recommander. Jean-Louis était accouru. Le brave garçon, en voyant la désolation de la pauvre chaumière, était bien désolé lui-même, et, comme la mère Grémi regardait sa fidèle et douce Mariette avec inquiétude :

—Mère! avait dit l'honnête garçon; mère, ne craignez rien pour celle-là ; notre tête s'est trompée hier, mais notre cœur nous dit aujourd'hui que c'est Mariette que nous devons épouser.

La bonne femme ne put que serrer la main de Mariette et celle du bon Jean-Louis entre ses mains mourantes; la veuve Grémi expira en chrétienne : sans maudire, et demandant à Dieu de pardonner à sa malheureuse fille.

Le bon curé, qui l'aidait sur le chemin pénible de la tombe, lui promit qu'il en serait fait ainsi. Après le deuil, Jean-Louis épousait Mariette, qui avait toujours gardé une secrète affection pour lui. En mourant, la veuve Grémi avait dit à Mariette :

—Mariette, prends cet anneau que m'a donné ton père ; il est bénit. Tâche de trouver ta sœur, elle est l'aînée, tu lui remettras...

La pauvre femme emportait la pensée que sa fille Rosette était le jouet d'un sort. Elle avait la foi que cette bague la ramènerait et lui rendrait le repos. Mariette lui promit.

VI.

Le hasard fit découvrir à Mariette la demeure de Rosette. Elle partit pour Paris ; Jean voulut l'accompagner. Elle arrive chez Rosette ; mais on lui fit toujours des réponses évasives, chaque fois qu'elle se présenta :

— Madame n'est pas levée ; — madame est à sa toilette ; — madame est au bain ; — madame déjeune ; — madame est en visites ; — madame est en promenade ; — madame traite et ne peut recevoir ; — madame est en soirée ; — madame est à l'Opéra.

Mariette raconta tout cela à Jean-Louis, qui ne manqua pas de confirmer l'opinion de la veuve Grémi.

— Notre pauvre sœur Rosette est certainement le jouet de quelque sorcier, lui dit-il.

Une existence pareille lui semblait une véritable damnation. Nous étions en carnaval. Un soir, qu'une foule de gens masqués et déguisés encombrait l'hôtel de Rosette, Mariette résolut d'y pénétrer à l'aide de la confusion. Elle avait mis pour cela son plus joli costume de paysanne : souliers en castor bouclés d'argent ; puis bonnet rond, fichu à fleurs, robe à grands ramages ; cœur et croix en or sur la poitrine. Mariette entra d'emblée. Tous les regards se tournèrent vers elle.

— A la bonne heure, disaient dominos et paillasses, voilà un costume des mieux portés. La petite est fort bien déguisée. Quelle fraîcheur ! quel blancheur ! une vraie fleur des herbes !

Mariette ne s'arrêta pas devant tous ces jolis propos : elle chercha sa sœur dans la foule qui encombrait les appartements ; elle la trouva dans la salle de danse, entourée comme une reine. Le cœur lui battit. L'homme vert entra. Cet homme étrange essayait le dernier éclat de la tentation pour vaincre l'honneur de Rosette. Les faux prêtres attendaient l'instant où elle se déciderait, pour lui donner leur infernale bénédiction. Ce jour-là certainement Rosette devait succomber. Personne n'avait pu la surpasser en beauté, en parures, en puissance. L'orgueil semblait avoir vaincu toutes ses répugnances. Mariette parut. Rosette la vit, et poussa un cri tel que tout en fut ébranlé dans les appartements. Les deux sœurs tombèrent, en pleurant, dans les bras l'une de l'autre...

— Et ma mère ! s'écria Rosette, à qui le cœur commençait un peu à revenir ; et ma mère ? reprit-elle à deux fois.

—Morte ! répliqua fortement Mariette , voulant porter un coup profond dans cet esprit ravagé et devenu comme insensible.

Rosette baissa la tête. Ici l'*homme des Saules*, soupçonnant quelque conjuration contre son pouvoir, fit un signe. L'orchestre beugla d'étranges sons ; un chœur diabolique hurla affreusement. On ne s'entendit plus. Mariette alors tira de son doigt l'anneau de sa mère et le présenta à sa sœur. Rosette le prit.

—C'est l'anneau de notre pauvre mère, lui dit Mariette. Rosette, fondant en larmes, le porta à ses lèvres. L'orchestre et le chœur infernal firent silence, et voilà que ses bottines de satin redeviennent de jolis sabots de bois de noyer ; sa robe de soie, cotillon de laine bleue rayée ; son peigne en or, ses diamants, cornette blanche et finement plissée ; le mantelet d'azur fondit en brouillard ; les perles redevinrent gouttes de rosée ; les roses tombèrent fanées à ses pieds ; les lumières s'éteignirent une à une, et danseurs et danseuses semblaient être des ombres passant les unes au travers des autres, s'effaçant et reparaissant comme des êtres de phosphore. Un cri de désespoir, un cri de damné alors se fit entendre, et tout s'éteignit. C'était l'*homme des Saules* qui pleurait sa proie. Ce démon fascinateur, délégué par l'enfer, ayant nom orgueil, était vaincu ; l'anneau bénit triomphait. Mariette ramena sa sœur au village. Ce fut Jean qui la conduisit avec sa jument, dans sa carriole d'osier. Depuis ce jour, la pauvre Rosette n'avait cessé d'aller du chaume à la vallée des Saules, pour tâcher d'y retrouver ce qu'elle y avait laissé : le repos. Ce fut en vain, jamais elle ne le retrouva. Voilà pourquoi elle errait silencieusement, voilà pourquoi elle était indifférente à tout ce qui l'entourait. Ce n'était plus qu'une sorte de fantôme au milieu des vivants. On eût dit le désespoir du mal, courant après l'innocence des premiers jours.

VII.

Un soir, bien tard, le berger de l'endroit, qui gardait le troupeau par une belle nuit d'été, vit Rosette entrer mystérieusement, comme une âme en peine, dans le petit cimetière du village, puis s'avancer, s'agenouiller et prier au pied d'une croix en bois, plantée sur une tombe nouvelle encore : le vieux berger approcha curieusement ; alors il entendit des sanglots déchirants, des paroles amères. Rosette pleurait, appelant : Ma mère ! ma mère ! Les cheveux longs et noirs de Rosette étaient répandus sur son visage, sur ses épaules, en signe de désespoir ; cela avec un aspect si lugubre, que le vieux berger n'osa troubler la prière de la pauvre fille. Peu à peu la voix de Rosette s'éteignit ; la malheureuse enfant s'affaissa lentement et s'étendit sur le gazon funéraire. Bientôt le berger ne vit plus, n'entendit plus rien; mais levant les yeux, guettant un rayon de la lune obstruée par les nuages, il vit comme deux ombres qui se tenaient étroitement embrassées. Une pauvre femme, une bonne mère qui, tout en larmes, emportait dans ses bras son enfant triste et pâle, invoquant Dieu et regardant le ciel; c'était l'âme de la veuve Grémi, c'était l'âme de l'infortunée Rosette.

Et comme des jeunes gens, comme des jeunes filles interrogeaient le bon curé touchant le récit du vieux berger, lui disant : Qui donc a opéré cette miraculeuse réconciliation ? Le bon pasteur leur répondit : C'est, mes enfants :

Le repentir filial et l'amour maternel.   SAVINIEN LAPOINTE.

Passy, mars 1852.

LE TOURNESOL.

FABLE.

« D'où vient donc, demandait un enfant à son père,
Que du beau tournesol la tige droite et fière
    S'incline et suit, soir et matin,
Le lever du soleil ainsi que son déclin ?
— De la plante, mon fils, la conduite est fort sage,
Car à son créateur elle sait rendre hommage.
Imite son penchant, et crois-en mon conseil :
Le soir à ton coucher, dès l'aube à ton réveil,
    Vers Dieu tourne aussi ton visage.

J. POISLE DESGRANGES.

HISTOIRE NATURELLE.

—

LE PETIT BUFFON HISTORIQUE ET AMUSANT.

(Suite.)

Beaucoup de roses et peu d'épines : tel est le souhait que j'adressais, dans notre dernier article, à nos jeunes lecteurs.

Cependant, La Fontaine a dit : « Aucun chemin de fleurs ne conduit à la gloire. » Il faut donc s'attendre à trouver des ronces, qui souvent nous feront souffrir. Il est des peines pour toutes les positions, pour tous les âges. L'étude n'a-t-elle pas aussi ses épines ?

Les jeunes élèves ressemblent au pauvre petit Savoyard, qui souvent, loin de sa mère, se trouve sous la férule d'un maître sévère. Pour la première fois, il faut qu'il monte dans la cheminée du riche : il craint, il hésite, il pleure, et ce n'est que pressé par la voix du maître, qu'il se détermine à faire quelques efforts. S'aidant enfin de ses pieds, de ses genoux, il réussit et acquiert bientôt assez d'agilité et de hardiesse pour ne plus regarder comme une difficulté le travail qu'on exige de lui. Alors, au lieu d'entendre ses soupirs et ses plaintes, nous l'entendons répéter le joyeux refrain du petit ramoneur.

Comme lui, nous pleurons souvent devant des difficultés qui nous semblent insurmontables ; cependant, il faut les vaincre ; car, si le travail du jeune Savoyard diminue les chances de l'incendie, le travail intellectuel éteint le feu de nos passions, qui détruirait bientôt toutes les richesses que le Seigneur a mises dans notre âme.

Poursuivons donc notre route, marchons avec courage dans les sentiers arides, et nous nous reposerons avec bonheur dans l'oasis du vrai savoir, où nous cueillerons des roses plus suaves et plus durables que celles qui vont encore aujourd'hui nous rappeler quelques traits historiques, et nous fournir d'amusantes et utiles leçons de morale.

HISTOIRE NATURELLE. — BOTANIQUE.

La Rose.

ROSE-CROIX. — On appelait ainsi un ordre de chevalerie institué par Elfrid, reine d'Angleterre, lors d'une invasion des Danois. Plus tard, on nomma ainsi une société secrète, qui s'occupait de sciences occultes. Enfin, il existe encore, dans l'ordre des francs-maçons, un grade appelé *rose-croix*, et qui dérive de l'allégorie qui fait l'objet de ce grade. On rend au grand architecte de l'univers des actions de grâces pour le passage de l'ancienne loi à la nouvelle, pour le calme et le bonheur qui attendent l'homme nouveau, pour la *rose épanouie* qui succède à l'*épine* pour le vrai chrétien.

ROSE D'OR, OU ROSE DES PAPES. —A peu près vers le douzième siècle, les papes introduisirent l'usage de bénir, le quatrième dimanche de carème, une rose d'or, dont ils faisaient présent à quelque prince ou princesse. Alexandre III envoya la rose d'or à Louis le Jeune, roi de France ; usage qui s'est renouvelé depuis en plusieurs occasions.

GUATIMOZIN OU LE LIT DE ROSES. — Cortez, après avoir livré de sanglants combats aux Mexicains, s'empara de Guatimozin, leur empereur.

S'imaginant qu'il avait de grands trésors cachés, il le fit étendre, avec son ministre, sur des brasiers ardents, pour les forcer à faire quelques révélations. Le ministre, moins courageux que son maître, faisait retentir les alentours de ses cris aigus. « Et moi, lui dit Guatimozin, suis-je donc sur un lit de roses? » Ce malheureux prince, retiré du gril à demi mort, fut pendu trois ans après, sous prétexte de conspiration. Fernand Cortez fit alors la conquête de tout l'empire.

LA ROSE DE BRETAGNE. — On avait ainsi nommé Anne de Bretagne, qui devint, par son mariage avec Charles VIII, reine de France. Elle épousa, en secondes noces, Louis XII, successeur de Charles VIII. Cette princesse était d'une grande beauté; son esprit, prompt et facile, était orné par la meilleure éducation du temps. On assure qu'elle savait le grec et le latin. Elle forma l'établissement des filles d'honneur de la reine, et leur donnait le modèle des vertus et l'exemple du travail. Elle s'était, par ses qualités, acquis l'affection et l'estime de Louis XII, qui la consultait sur toutes les affaires du gouvernement. Quelques courtisans jaloux reprochèrent au roi de se laisser dominer par sa femme. « Il faut, leur répondit-il, souffrir quelque chose d'une femme qui aime, comme ma Bretonne, son mari et son honneur.»

LA ROSE BLANCHE, OU L'INNOCENCE RECONNUE. — Il existait dans l'Engadin (province de Suisse) une touchante réparation d'honneur. L'accusé qu'un jugement venait d'acquitter recevait, des mains d'une jeune fille, une rose blanche, symbole de l'innocence.

Ce gage simple, mais flatteur, le dédommageait de la captivité préventive et lui assurait l'estime de ses concitoyens.

LE POT AUX ROSES. — Cette dénomination, qui souvent est employée comme proverbe, était un droit féodal qui existait encore à Châteauroux, au moment de la Révolution.

La dernière veuve remariée, de la rue de l'Indre, devait se présenter chaque année, le mardi de la Pentecôte, en grande pompe, à la porte du château, ayant sur la tête un pot garni de roses et orné de rubans; là, le seigneur du château brisait le pot avec cérémonie, tandis qu'il était encore sur la tête de la veuve.

Ce droit était le prix de l'abandon de la dîme que le seigneur percevait sur la prairie où la rue avait été bâtie.

LE MIRACLE DES ROSES. — Sainte Elisabeth, fille d'André II, roi de Hongrie, épousa Louis, landgrave de Hesse. Ce prince, qui prit part aux croisades, mourut en 1227.

Les seigneurs privèrent Elisabeth de la régence, et cette princesse, dont la vie avait été consacrée à soulager les malheureux, à répandre le bonheur autour d'elle, fut réduite à mendier son pain.

Dans sa misère, elle était encore la consolatrice des affligés.

On rapporte que, bravant la défense de ses oppresseurs, elle portait aux pauvres lépreux chassés de la ville le pain dont elle manquait souvent elle-même. Ses ennemis profitèrent de cette infraction à leurs lois pour l'accuser devant le peuple de propager l'horrible plaie qui désolait le pays.

Surprise, devant témoin, au moment où elle distribuait aux lépreux le pain qu'elle leur apportait chaque jour dans son tablier, elle fut conduite, avec son charitable fardeau, sur la place publique. Le juge, voulant prouver le délit de l'accusée, lui fit baisser son tablier; mais le pain, par un miracle de la toute-puissance, s'était changé en roses, dont les feuilles miraculeuses couvrirent le sol et déposèrent en faveur de la pieuse Elisabeth.

Cette princesse fut depuis canonisée par le pape Grégoire IX.

Marie ou la passion des roses. —Marie, jeune et douce enfant, habitait, avec ses parents, les environs du mont Valérien. Souvent, au lever de l'aurore, elle sortait furtivement de la maison paternelle et se dirigeait vers les champs voisins, où l'on cultivait les roses. Alors elle se croyait au paradis, respirant, avec un charme indicible, le parfum de sa fleur privilégiée.

Plongée dans une ravissante extase, elle oubliait les heures et restait comme anéantie dans sa contemplation. C'est ainsi qu'elle devint le témoin insensible, aveugle, du meurtre qui fut commis près d'elle sur un pauvre militaire.

Surprise près du cadavre, elle fut accusée du meurtre et conduite en prison, d'où elle ne devait sortir que pour subir le châtiment des criminels, si la vérité ne fût venue elle-même rendre un témoignage à son innocence. Le militaire avait reçu, des mains d'un compagnon ivre, le coup mortel imputé à Marie.

Une année plus tard, Marie fut encore écrouée à la prison de Saint-Lazare, dans les annales de laquelle nous avons puisé cet épisode. Cette fois, Marie était coupable : elle avait volé des roses !

Marie reçut de ses compagnes le surnom de Rose. Souvent elle leur racontait combien cette fleur la transportait, la rendait heureuse et lui ôtait presque le sentiment de son existence.

Parmi les recluses de Saint-Lazare, il y en avait dont le cœur était tout plein d'enthousiasme pour la jeune Marie; elles résolurent de lui offrir une rose, et, pour multiplier à l'infini les joies de cette pauvre enfant, elles employèrent leur temps à fabriquer des roses artificielles, dont elles couvrirent la chambre et les vêtements de Marie. Elle-même devint fleuriste, et lorsque la liberté lui fut rendue, elle se livra à ce genre de travail, qui lui permettait de reproduire, sous mille nuances, sa fleur de prédilection, pour laquelle elle conserva toujours un culte mystérieux et plein de charmes.

Rose mystique. — Les auteurs sacrés désignent, sous ce nom, la Vierge divine, mère du Sauveur du monde.

Son règne, moins éphémère que celui des roses terrestres, doit durer éternellement.

C'est donc à cette rose mystique que nous devons nos plus constantes adorations, afin qu'elle conserve dans nos cœurs la rose de l'innocence, qui fera la gloire et le plus bel ornement des élus !   Mme Ferdinand Marie.

MODES.

Le printemps, avec son aspect toujours jeune et toujours frais, est enfin revenu parmi nous. Il nous a ramené les fleurs, la verdure, le soleil; et au contact de toutes ces belles choses, les visages se sont épanouis.

Nos élégantes ont admiré le renouvellement de la nature, elles ont trouvé que les vêtements d'hiver étaient bien sombres près des brillantes parures du printemps, et elles se sont décidées à l'imiter.

Elles ont dit adieu à tout ce qui sent la neige et la glace, elles se sont habillées de soies légères, de toiles du nord; de fines mousselines de laine, et nous avons déjà pu voir de délicieuses créatures, coiffées de capotes légères et transparentes, habillées de robes roses ou bleu-ciel, rivalisant, pour ainsi dire, de fraîcheur et de beauté avec la nature.

Comment s'habillera-t-on cet été? que portera-t-on? Telle est la grande question du jour. On y pense le matin, on y pense dans la journée, on s'endort en y rêvant encore, sans avoir pu cependant résoudre ce grand problème.

Il est assez difficile de savoir ce que nos couturières et nos marchandes de modes sont capables de mettre au jour; car, en France, un mois est un siècle pour la mode, et les inventions qui se peuvent faire en trente jours, dans notre girouettant pays, sont incalculables. Donc, je pourrai vous dire ce que l'on porte en ce moment et non ce que l'on portera dans quinze jours.

Le taffetas zéphyr, qu'on trouve seulement dans les magasins des Montagnes-russes, fait des robes charmantes et tout à fait nouvelles. Il est plus léger que le gros de Naples et un peu plus épais que le foulard, qui a le défaut de n'avoir aucun soutien.

On le fait en toutes nuances; mais j'ai vu un écossais bleu et blanc qui m'a paru si joli, que je me suis vue forcée de lui donner la préférence; et j'eus raison sans doute, car l'autre jour, en longeant le boulevard des Italiens, je vis une femme qui attirait tous les regards, et j'entendis bourdonner à mes oreilles : Quelle ravissante toilette, quelle robe distinguée! Ma curiosité de femme s'éveilla. Je voulus voir aussi ce qui fixait l'attention de tous, et perçant la foule, je me trouvai près de cette dame. J'avoue que j'eus un mouvement de vanité, en reconnaissant la robe qui m'avait tant charmée deux jours auparavant, parce que je ne pus m'empêcher de penser que je n'avais pas trop mauvais goût.

Il faut maintenant que j'achève de vous donner la description de la toilette que portait cette dame. Elle avait un très-petit mantelet de velours noir, garni d'une haute dentelle. Une capote du même bleu que sa robe et recouverte de petits volants de taffetas garnis avec des ornements en paille; des bottines noires et des gants de peau de Suède découpés. Cette mise était d'une élégance remarquable.

Le taffetas broché se porte toujours, et au commencement du printemps on ne saurait trouver rien de plus commode. Ce n'est pas très-chaud, et en même temps c'est moins sec que le taffetas uni.

Je vous recommande encore de jolies toiles du Nord. Cette étoffe est excellente pour la campagne, surtout par les journées un peu froides.

Les robes ouvertes sont toujours en pleine vogue. On ne portera que ces formes-là cet été; elles sont, au reste, fort agréables dans les grandes chaleurs.

On fait des mantelets de soie très-courts. On les brode avec de la soutache et des galons, ou bien encore, avec de petits et de larges lacets de soie. J'en ai vu de plusieurs nuances, mais jusqu'à ce jour le noir est le mieux porté.

En général, tout est très-garni ce printemps. Les chapeaux sont très-élégants, les robes richement ornées, et les mantelets surpassent en broderie tout ce que nous avons porté depuis bien des années.

Les formes de chapeaux sont extrêmement amusantes à voir, je dis à voir, parce qu'à porter, cela n'a pas autant de charme qu'on pourrait le supposer. J'avais toujours cru, depuis que je suis au monde, que les chapeaux étaient faits pour couvrir la tête; mais voilà qu'en 1852 on change d'avis, et l'on décrète que, cette année-là, le chapeau ne servira qu'à couvrir les épaules. Aussi les têtes ont-elles l'avantage d'être très-remarquables et, fort souvent, très-remarquées.

Pourquoi faut-il que nous ayons si peu de bon sens et si peu de stabilité dans nos goûts? Nous avons porté autrefois des passes tellement avancées sur la figure, que nos yeux ne pouvaient distinguer que ce qui se présentait en droite ligne devant eux. C'était très-gênant, je le confesse; mais il y aurait eu moyen, ce me semble, pour obvier à cet inconvénient, de faire autre chose que ces petits riens, qui semblent toujours prêts à partir au premier coup de vent et qui sont fort incommodes; mais, quand une Française a dit : c'est la mode, dût-elle souffrir mille tortures, elle s'y conformera, plutôt que d'être en retard de quelques jours sur une mode nouvelle.

On fait beaucoup de capotes de crêpe blanc, bleu, marron et violet. On les garnit avec des petits rubans de taffetas froncés. C'est simple et de très-bon goût.

Je ne vous parlerai pas de robes de bal ce mois-ci; d'abord, parce que je ne voudrais pas vous donner un mauvais exemple, et ensuite, parce que je ne suppose pas qu'aucune de mes lectrices aille au bal à la fin du carême. Après Pâques, on dansera, sans doute, et je me ferai forte alors de vous donner tous les détails que vous pourrez désirer.

Je veux vous parler d'une découverte que j'ai été enchantée de faire.

Vous avez probablement gémi quelquefois d'être obligées de porter un corset, et vous vous êtes peut-être même demandé s'il n'y aurait pas moyen de vivre, sans être éternellement serrées dans ces exécrables baleines, et malheureusement vous n'avez trouvé pour toute réponse que ces impitoyables mots : une femme ne peut et ne doit se passer d'un corset, et vous avez été forcées, bon gré mal gré, de le supporter. Je vous dirai donc, pour votre consolation, que Mme Hippolyte, une de nos meilleures corsetières, vient d'inventer une nouvelle forme de corset que je veux vous signaler. Ce corset se ferme devant par de petits boutons, et, à la place des baleines de côté, ce sont des élastiques, ce qui fait que tous les mouvements du corps sont à l'aise, même avec ce corset, ce qui le rend surtout fort agréable pour les personnes qui montent à cheval.

Les enfants portent des jupes de popeline avec des caracos ouverts, servant de corsage. On leur met dessous un joli fichu de mousseline ou de jaconas brodé.

J'ai vu une petite fille qui avait une robe verte en popeline. Il y avait, faites à même l'étoffe, de larges raies satinées, de plusieurs couleurs. Le bord du caraco était garni d'une pareille rayure, et, quoique je n'aime pas beaucoup les choses voyantes, je ne puis m'empêcher de trouver que, pour les toilettes d'enfants, ce genre d'étoffe est bien préférable aux tissus unis.

Nous pourrons suivre bientôt, dans tous leurs détails, les parures de ces ravissants petits lutins, que les beaux et longs jours ramèneront en foule aux Tuileries.

Rosa du Sablen.

LOGOGRIPHE.

Moderne Automédon, la rue est mon arène :
A l'injure du temps, je conduis, je promène,
 Sur mes six pieds, de plus heureux que moi.
Pourtant, j'ai vu des gens envier ma fortune :
 Il est vrai que, sans gêne aucune,
 J'approche un comte, un duc, un prince, un roi. —
 Qu'on place ailleurs ma queue, il est notoire
Que je vaux juste, alors, la moitié d'une noire. —
 Ici sur trois, là sur cinq pieds,
 Dans les abîmes je m'assieds,
Et je vois, sur mes flancs obscurcis par la brume,
Les flots impétueux se briser en écume. —
 Sur quatre pieds, j'ai causé des malheurs
 En temps de paix en temps de guerre. —
Amphibie à cinq pieds, bigarré de couleurs,
 Tantôt sur l'eau, tantôt sur terre,
 Je transportais les voyageurs,
Et les meuniers de Meaux, les vignerons d'Auxerre
 M'ont, jadis, trouvé des douceurs. —
Sur quatre pieds aussi je suis la voix sonore
 Qui se répète au fond des bois; —
J'annonce, avec trois pieds, qu'un cerf est aux abois; —
On m'a cherché sur deux, et l'on me cherche encore.

CHARADE.

Que veut Minet, quand, le matin,
La queue en l'air, à coups de tête
Il me caresse et me fait fête?
C'est mon premier, j'en suis certain.
Lorsque, courbé par la vieillesse,
Le bûcheron, dans sa détresse,
Crie à la mort : « Enlève-moi ! »
Frappé d'épouvante à sa vue :
« Va-t'en, dit-il, éloigne-toi !

Pourquoi si tôt es-tu venue ! »
Et là-dessus, le moribond
Ajoute :«Viens, mais mon second...»
Voyez-vous, devant ce théâtre,
Ce jeune enfant vif et folâtre,
De malice faisant métier?...
Tout est moqueur dans son allure :
Examinez bien sa figure,
Ami lecteur, c'est mon entier.

Le mot du dernier Logogriphe est PALMIER, dans lequel on trouve : palme, plaie, Marie, larme, rime, rame, lame, pie, arme, lai, mail, laie, lime, raie, pal, miel, émail, ami.

Le mot de la Charade est LIT-EAU.

Typographie de HENNUYER. Batignolles.

MORALE CHRÉTIENNE.

I.

Vous connaissez, jeunes lectrices, l'histoire lamentable du déluge ; vous savez que les eaux avaient submergé les plus hautes montagnes, et que, quand elles se retirèrent devant le souffle puissant de Dieu, Noé, qui voulait voir si la terre était redevenue habitable, ouvrit la fenêtre de l'arche, et lâcha d'abord un corbeau qui ne reparut plus, puis une colombe qui, n'ayant pu trouver où se poser, revint presque aussitôt. Sept jours après, Noé lâcha de nouveau la colombe qui revint le soir, portant dans son bec un rameau vert d'olivier.

Cette page de la Genèse est notre histoire, une belle figure de nos destinées diverses.

L'arche, c'est le Ciel d'où nous venons tous, et où nous devons retourner un jour.

Nos âmes sont les images substantielles du Dieu bon et tout-puissant. Petits ruisseaux, elles émanent de l'océan sans rivages ; étincelles vivantes, elles jaillissent de l'immense fournaise de lumière et d'amour.

Le corbeau, c'est le pécheur qui vient de Dieu comme le juste, mais qui, oubliant son origine céleste et ses fins glorieuses, s'abandonne à la vie des sens, et se jette, hélas ! dans un irrémédiable malheur.

La première colombe est la douce image de ces âmes bénies, de ces beaux petits anges qui, avant d'avoir connu le mal, reviennent au Dieu qui les avait envoyés dans des corps mortels. Ils ont pour gloire et pour couronne la grâce et l'innocence de leur baptême.

La seconde colombe est la figure de ceux à qui la divine bonté ménage ici-bas une plus longue existence, et qui reviennent sur le soir de la vie, portant, dans leurs mains glorieuses, les palmes sacrées de la foi, de l'amour et de la patience.

C'est de vous, jeunes lectrices, c'est de moi et de tous ceux que l'inexorable mort n'a pas moissonnés avant l'adolescence, que cette dernière colombe est le symbole.

Le Ciel ne s'ouvrira pour nous qu'à la condition expresse que nous nous y présenterons avec les palmes de nos victoires.

Le chrétien naît soldat de Jésus-Christ ; la vie est un champ de bataille où il doit vaincre toujours ; il ne peut rentrer dans la patrie qu'en triomphateur.

II.

Mais il me semble ouïr une voix qui dit : « L'Eglise nous remettait sous les yeux dernièrement encore le spectacle de la rédemption des hommes. Un Dieu est mort pour nous ; il a surabondamment expié la chute originelle et payé notre rançon. Pourquoi donc n'avons-nous pas été réhabilités pleinement, rétablis dans l'état primitif, et rendus aux délices, à l'immortalité de l'Eden ?

« Au lieu de ces combats dont la dure loi nous épouvante, nous goûterions, dans une ineffable paix, un bonheur parfait, d'inaltérables joies. Le ciel n'aurait plus ni tempêtes ni frimas ; notre esprit serait sans ténèbres, et notre cœur sans orages ; notre âme bienheureuse ne connaîtrait ni l'angoisse ni la douleur. »

Sans doute il eût été plus doux pour la nature, et plus commode mille fois de mener cette vie. Mais la sagesse de Dieu, dont les pensées ne sont point comme les pensées des hommes, ne l'a pas voulu.

Le Sauveur, il est vrai, a surabondamment satisfait à la justice de son Père outragé, quant à la valeur du sacrifice. Son sang adorable est d'un tel prix, qu'il eût plus que suffi à la rédemption d'une multitude de mondes. Mais il n'entrait pas dans son dessein éternel de réparer aussitôt l'humanité.

Ce qu'il voulait, en se faisant le membre et le chef de la famille proscrite d'Adam, et en mourant pour elle, c'était de nous donner, par la communication de sa grâce et de ses mérites infinis, le moyen facile d'expier nos fautes, et de reconquérir les cieux par une coopération réelle à son immolation.

III.

Puisque telle est la loi, et qu'elle oblige absolument, que faire pour l'accomplir ?

Saint Paul nous l'enseigne dans son langage sublime, quand il dit aux fidèles de Rome (ch. XIII, v. 14) : *Revêtez-vous de Jésus-Christ.*

Or, se revêtir de Jésus-Christ, c'est se rendre semblable à lui ; c'est retracer en soi les sentiments, les pensées, la vie du Sauveur ; c'est pratiquer ses divines leçons, imiter ses adorables exemples.

Portons, jeunes lectrices, ce vêtement sacré, cette robe nuptiale sans laquelle nul ne chantera jamais l'hymne éternel aux noces de l'Agneau.

Ma doctrine, bien différente des rêves que l'on fait à votre âge, semble dure peut-être à votre délicatesse ; et je crains que ma robe nuptiale ne vous apparaisse un peu comme la tunique de Nessus, ou du moins comme ces chapes de plomb sous lesquelles l'incomparable Dante, la plus belle gloire de Florence, vit gémir et se traîner péniblement de pauvres âmes, dans le séjour de l'expiation.

IV.

Aussi j'entends la voix, qui m'interrompait tout à l'heure, me dire encore : « A peine entrons-nous dans la vie. Faut-il donc renoncer sitôt aux charmes et aux joies de ce monde? Faut-il briser la coupe enivrante du plaisir avant d'y tremper les lèvres? Faut-il se couronner d'épines, quand tout invite à se couronner de fleurs ?

« Ne serait-il pas temps de nous courber sous les austérités de la foi, quand la vieillesse nous avertira de songer à l'éternité, puisqu'il suffit de bien finir? »

Ce langage animé prouve bien, jeune lectrice, que l'on ne connaît guère à votre âge ni le monde et ses déceptions, ni la sainte religion du Christ et les joies pures dont elle inonde le cœur de ses enfants.

Je me propose de vous démontrer, dans un prochain entretien, que, par une bénédiction spéciale de la Providence, la religion, quand on la pratique sincèrement, est l'unique source des vrais plaisirs et des solides jouissances, et qu'elle donne au chrétien sur la terre tout le bonheur qu'il y peut goûter.

Je me borne aujourd'hui à vous signaler le péril que recèle ce principe : *Il suffit de bien finir.*

Sans doute, il suffit de bien finir. Une victoire définitive fait oublier les défaites passées. Mais qui nous la garantit, cette victoire? Le lâche habitué à fuir devant tout ennemi, et qui livre honteusement ses mains à toute chaîne, peut-il compter sur un triomphe final? Quand le cœur et le bras nous trahissent à la vigueur de l'âge, nous serons-ils fidèles à la caducité?

L'Esprit-Saint nous crie par un prophète (*Proverbes*, ch. xxii), que *l'adolescent suivra sa voie, et qu'il ne la quittera pas même à la dernière vieillesse.* Et usant ailleurs (*Job*, ch. xx) d'une expression dont l'énergie fait frémir : *Les os de l'impie*, dit-il, *seront remplis des vices de sa jeunesse, qui dormiront avec lui dans la tombe.*

Mais je veux que ce retour tardif au Seigneur soit facile, et qu'on puisse se le promettre sans témérité ; qui oserait présenter une telle offrande à la Majesté du Roi des cieux? Grand Dieu! après avoir donné au monde, au plaisir, à la vanité, la belle et vive jeunesse, on vous réserverait les rides et la glace, signes funèbres que la mort burine au front et au cœur des victimes qu'elle va frapper! Ah! si quelque audacieux présentait de tels dons à votre autel, votre foudre les devrait disperser.

Jeunes lectrices, pendant le beau mois qui commence, et que l'Eglise a consacré à la divine Mère de Jésus, vous venez chaque soir prier avec amour aux pieds de la Madone, et déposer sur son autel des fleurs nouvelles, doux emblème de votre piété. Oseriez-vous, dites-moi, lui offrir des roses flétries ou des muguets fanés? Eh bien! ce que vous ne feriez pas pour la Mère, voudriez-vous le faire pour le Fils? Non, jamais.

Donc c'est dès l'enfance, c'est dans la jeunesse, dans l'âge mûr, dans la vieillesse, c'est toujours, que des enfants doivent aimer et bénir leur Père.

L'abbé Choudey,
Aumônier du collége de Sens.

LE PREMIER TABLEAU DU CORRÈGE.

I.

Dans un des quartiers les plus retirés de la petite ville de Corregio vivait, au milieu du quinzième siècle, une pauvre famille, de mœurs pures, de réputation intacte, et dont l'existence obscure était à peine connue de quelques habitants du voisinage. Le chef de cette famille, colporteur de son état, avait longtemps soutenu de son pénible labeur sa femme et ses deux enfants, la jeune Stella et le petit Antonio. Mais, alors, ses infirmités le tenaient cloué sur un lit de douleur. Maria Allegri, placée entre un époux mourant et deux faibles créatures qui demandaient du pain, priait Dieu de lui donner assez de force pour suffire aux mille nécessités de chaque jour, et de la soutenir jusqu'au terme de sa cruelle mission. Tout le temps qu'elle ne passait pas au chevet du malade, elle l'employait à chercher de l'ouvrage et à travailler, quand le bonheur voulait qu'elle en trouvât. Comme elle excellait dans l'art d'imiter les fleurs, les dames de la société de Corregio s'adressaient souvent à elle pour lui confier l'ornement de leurs coiffes, ou lui faire faire quelques-unes de ces jardinières factices, qui, au milieu des soirées d'hiver, rappellent, par leurs fraîches et riantes couleurs, les joies et l'éclat du printemps. Pendant plusieurs mois elle put faire face aux modestes dépenses de la maison, en les soumettant toutefois aux exigences d'une sévère économie; mais sa faiblesse vint bientôt trahir son dévouement. Tant d'inquiétudes, tant de chagrins, tant de nuits passées sans sommeil finirent par altérer sa santé, et, un soir, la pauvre Maria rentra pâle, abattue et si profondément effrayée de son état de malaise, qu'elle ne put s'empêcher de pleurer en songeant qu'il ne lui restait plus que quelques scudi et, qu'une fois dépensés, il lui faudrait peut-être recourir à la charité publique. A cette idée, elle perdit courage et, tombant sur une chaise, elle appuya son front sur ses mains tremblantes et se mit à pleurer amèrement. Le vieil Allegri, qui était couché, entendit, du fond de son alcôve, les sanglots de sa femme, et, levant sa tête avec effort :

— Qu'as-tu? dit-il d'une voix faible.

— Je souffre, dit Maria, mais ne t'inquiète pas, ce ne sera rien.

— Ce ne sera rien? répéta Allegri. Tu me trompes. Ne soupçonnes-tu pas d'où te vient ton mal?

— D'un peu de fatigue, répondit Maria en affermissant sa voix..., un jour de repos et je serai guérie.

— Un jour de repos! reprit Allegri, en examinant plus attentivement le visage de sa femme..., un jour de repos pour faire disparaître de ton front cette effroyable pâleur, pour rendre leur éclat à ces yeux éteints, leur couleur à ces lèvres blanchies? Pauvre femme! tu cherches à t'abuser toi-même; tu es plus malade que tu ne veux le dire, tu souffres plus que moi peut-être, et je ne puis rien pour toi !

Maria s'approcha du malade, lui serra tendrement la main et lui dit d'un ton pénétré :

— Calme-toi, mon ami; n'as-tu pas, pendant vingt ans, pris soin de moi, ta femme chérie? Qu'y a-t-il d'étonnant à ce qu'elle se dévoue maintenant? C'est la dette de vingt années que j'acquitte aujourd'hui. A moi le travail, à toi le repos. Tu l'as bien gagné!...

— Oui, dit le malade, en promenant son regard autour de la chambre, ma vie est épuisée, et je suis forcé de te laisser porter seule ce fardeau qui t'accable. Sans cela t'abandonnerais-je ainsi? Mais les étoiles maudites ne savent pas pardonner. La nôtre a été mauvaise et le sera toujours. Le malheur suit le malheur.

— Qui sait, murmura faiblement Maria, qui sait ce que nous réserve l'avenir?

— Je ne l'envisage qu'en tremblant, répondit le vieillard avec un sombre accent de conviction; car, sur cette terre, à qui le mari expirant peut-il confier le repos et l'existence de l'épouse? A son fils, n'est-il pas vrai? Et puis-je compter sur mon fils, moi? Il ne m'a encore remercié de ma tendresse que par l'ingratitude et la désobéissance... Que fait-il pour sa sœur? que fait-il pour toi ?

— Il est si jeune !

— Si jeune ! A quinze ans, je nourrissais mon père, Maria. A vingt ans, j'étais l'appui de toute une famille ; mais la vieillesse est venue, et avec elle la pauvreté. Je mourrai, et la consolation de te savoir heureuse ne me sera pas même permise. Va, Antonio est un mauvais fils.

Une jeune fille s'approcha du lit d'Allegri et lui prit la main. Des larmes coulaient de ses yeux.

— C'est toi, Stella, mon enfant ? dit le père, dont les forces allaient en s'affaiblissant ; ta vue est un baume pour mon cœur. Hélas ! continua-t-il en se tournant du côté de Maria, la jeunesse est un triste privilége pour les créatures nées d'un sang comme le nôtre : Stella souffrira plus longtemps que nous.

La jeune fille sortit pour cacher ses larmes. Allegri continua :

— Femme, as-tu des nouvelles de son fiancé ?

— Tout est rompu, répondit Maria. Le père de Lucio a été inexorable ; notre misère l'a effrayé. Il a refusé son consentement.

— Lucio n'avait-il pas assuré qu'il était libre de son choix ?

— Oui, mais son père ne veut rien entendre. Il exige, pour la femme de son fils, un trousseau complet et une dot d'au moins cinquante ducats.

La tête d'Allegri retomba lourde et brûlante sur l'oreiller. Il se fit un silence lugubre et prolongé. Les yeux du vieillard se fermèrent et il parut s'assoupir. Au bout de quelques minutes, et lorsqu'on put croire qu'il était endormi, un enfant de quatorze à quinze ans, dont les yeux pleins de douceur étaient humides de larmes, vint se placer devant Maria, aux lèvres de laquelle il appliqua son front. Maria l'embrassa avec tendresse et ne put prononcer que ce nom :

— Antonio !

— Ma mère, dit l'enfant d'un ton ferme, j'ai tout entendu, j'ai tout compris. Mon père a raison, je suis un mauvais fils. Vous avez tout fait pour moi, et je n'ai rien fait pour vous. Il est temps de m'acquitter.

— Que veux-tu dire, Antonio?

— Je dis que je dois travailler et apporter ici chaque jour le fruit de mon labeur, reprit l'enfant avec résolution. C'est une bonne idée que j'ai eue d'écouter ce que te disait mon père ; sans cela, j'aurais continué à ne rien faire, et il eût fini par ne plus m'aimer...

— Ne plus t'aimer, mon Antonio ! Est-ce qu'un père peut ne plus aimer son fils ?

— Ah! tu me consoles, ma mère, et tu me rends le courage. C'est que tu es ma meilleure amie, ajouta-t-il en baissant la voix, et je t'avoue à toi ce que je n'oserais avouer à mon père. Tu sais que j'ai quelquefois peur de lui.

— Il est bon, pourtant.

— Oh! oui... Mais il me défend de dessiner et il brise mes crayons... Il y a trois jours encore, n'a-t-il pas déchiré cette jolie madone, que j'avais pris tant de plaisir à copier d'après celle qui est à l'église!... Ma pauvre madone! je l'aimais tant!

— Ton père est malheureux et il souffre, mon enfant. Il faut tâcher de ne pas l'aigrir, et surtout il ne faut pas douter de son affection pour toi.

— J'étais bien près de la perdre; mais, dès demain, je m'efforcerai de la reconquérir, dit Antonio. Adieu, ma mère; bientôt je me rendrai digne du nom de votre fils.

Maria embrassa son enfant et appela auprès d'elle Stella. Une heure après, tout reposait dans la maison d'Allegri. Antonio seul, encore tout ému des paroles de son père, cherchait à se rendre compte de ses torts et se fortifiait dans la résolution de les réparer. Tout jeune qu'il fût, il envisageait, dans tout son aspect terrible, la misère où sa famille était plongée. Pour la première fois, se dépouillant de l'heureuse insouciance si naturelle aux enfants, il prenait sa part des angoisses qui l'entouraient, des inquiétudes dont se trouvait chargé l'avenir. «Mauvais fils!» Ce mot funèbre retentissait continuellement à son oreille, et il sentait qu'il n'aurait de repos qu'après avoir effacé jusqu'à la trace de ce souvenir déchirant. Longtemps il demeura éveillé, car cette préoccupation éloignait le sommeil de ses yeux. Mais, enfin, il finit par s'endormir. Cependant l'unique pensée qui l'agitait reparut dans ses songes. Dès les premières lueurs du jour, il se leva, alla déposer sur le front de son père et de sa mère endormis un baiser ardent, puis il écrivit ce billet, qu'il laissa ouvert sur la table.

« Ne vous inquiétez pas de mon absence; je suis allé mériter le pardon « de mon père. Que Stella reprenne espoir. Peut-être les obstacles de son « mariage avec Lucio seront-ils bientôt levés. »

Antonio ouvrit la porte avec précaution, s'agenouilla pour adresser une fervente prière au Ciel; puis, ayant jeté un dernier regard sur le toit chéri dont il ne s'était jamais éloigné, il se mit à cheminer, aux lueurs tremblantes de l'aube, sur le premier chemin qu'il rencontra.

Deux heures après, il arrivait à Modène.

II.

Dès qu'il eut franchi les portes de la ville, Antonio eut peur de son isolement, et peu s'en fallut que la force ne lui manquât pour accomplir la mission qu'il s'était volontairement imposée. Jamais il n'avait été environné de tant de tumulte et de tant de mouvement. Il ne savait comment se diriger au milieu de ces rues qui se croisaient en sens si variés, et cette population incessamment agitée lui semblait une mer prête à l'engloutir. Cependant, il s'habitua peu à peu à cet aspect; la conscience du bien qu'il voulait faire le soutint au milieu de ces terreurs enfantines et arrêta à propos les progrès d'un découragement qui eût pu lui devenir fatal.

Antonio ne savait point d'état. Plusieurs fois son père l'avait envoyé en apprentissage, mais il ne s'était jamais assez appliqué à une profession pour en pouvoir tirer un salaire convenable. Il avait fait diverses tentatives qui n'avaient amené aucun résultat. Ce n'était point qu'Antonio fût paresseux, dans la véritable et honteuse acception de ce mot; mais un irrésistible dégoût l'éloignait de tous les travaux manuels ; un penchant non moins irrésistible le poussait à la contemplation et à l'imitation de la nature. Avec un crayon à la main, Antonio oubliait la besogne qu'on lui avait commandée, il oubliait jusqu'à l'heure de ses repas et de son sommeil. Voilà quel était le sujet continuel des réprimandes de son père et du désespoir secret du pauvre enfant, qui n'avait vu d'abord dans les défenses du vieillard qu'une opposition brutale à la vocation qui l'entraînait malgré lui. Mais quand il eut compris que la misère s'était glissée au foyer domestique, quand l'idée lui vint que cette misère pouvait bien avoir aigri le cœur du pauvre vieillard, et qu'en effet il était mal à un fils de laisser son père et sa mère avoir faim et souffrir, le bon naturel de l'enfant s'était éveillé dans toute sa force, et c'est alors qu'il était parti sans réfléchir, sans regarder derrière lui, sans calculer les conséquences de son action; persuadé que c'était là le seul moyen de recouvrer l'affection de son père, de le sauver peut-être; ignorant encore quelle route s'ouvrirait devant lui pour parvenir à ce but, mais ayant la ferme conviction que Dieu ne l'abandonnerait pas et lui suggérerait une bonne inspiration. Mais pendant que l'imagination du jeune Antonio tournait confusément dans le cercle restreint de ces douteuses espérances, le temps fuyait et la journée menaçait de se passer avant qu'il eût pris un parti décisif. Cependant, il marchait au hasard dans la ville et paraissait plongé dans d'amères préoccupations. Tout à coup il s'arrêta. A l'angle du palais ducal, un des monuments les plus splendides de l'Italie, se trouvait une petite statue représentant une madone, aux yeux baissés, à l'attitude pieusement sévère, et portant un rameau à sa main droite.

Elle ressemblait à s'y méprendre à celle dont Antonio avait tiré une copie et que son père avait si impitoyablement déchirée. Alors, perdant de vue le principal objet de son voyage, tout entier à sa joie, insoucieux du temps qu'il allait perdre et sans songer à la faim qui viendrait tout à l'heure le saisir et qu'il ne saurait comment apaiser, il s'assit sur une des dalles de marbre du palais, et ouvrant un portefeuille de moyenne grandeur qu'il portait sous son bras, seul bagage dont il se fût chargé, il en tira un crayon et une feuille de papier d'une blancheur et d'une propreté au moins fort équivoques. Il allait donc posséder de nouveau cette madone aux traits si purs, avec son auréole de sainte et son petit enfant qui souriait avec tant de douceur et de grâce! Une pensée religieuse venait aussi se joindre à son enthousiasme d'artiste. Il se promettait de copier avec tant de soin et d'amour les traits de la mère de Dieu et ceux du divin Sauveur, que tous deux ne pouvaient manquer d'intercéder pour lui dans le ciel et de porter à l'Etre suprême ses prières et ses vœux.

Toutefois, et quel que fût au juste le sentiment qui l'animait, Antonio se mit au travail avec un courage sans pareil : il ne s'inquiétait ni des gens qui passaient près de lui, ni des curieux qui le regardaient.

Il y avait près d'une heure qu'il était à l'œuvre et il n'avait pas encore levé une seule fois la tête, lorsqu'un homme de tournure distinguée et d'un costume qui annonçait l'opulence, s'arrêta derrière lui et bientôt se pencha légèrement pour mieux juger cette ébauche faite en plein air, peut-être aussi pour apercevoir les traits de l'artiste. Antonio ne fit nulle attention à l'approche de l'inconnu, et continua son esquisse sans se déranger.

— Êtes-vous de Modène, mon enfant? demanda enfin l'étranger, en lui posant la main sur l'épaule.

— Non, signor, je suis de Correggio, répondit Antonio en rougissant.

— Quel est votre maître?

— Je n'en ai jamais eu.

— Et vous êtes arrivé?...

— D'aujourd'hui seulement.

— Quels sont vos moyens d'existence?

A cette demande, qui lui rappelait la cause de sa venue à Modène, Antonio frémit, puis il reprit avec émotion :

— Hélas, signor, si je suis ici, c'est dans l'espérance d'y trouver à m'occuper, car... mon père et ma mère sont bien malheureux...

— Et que vous proposez-vous de faire?

— Tout ce qu'on m'ordonnera, répondit humblement l'enfant. Je porterai les fardeaux les plus lourds; j'entrerai au service des grands seigneurs; rien ne me coûtera, pourvu que je puisse secourir ma mère.

L'étranger réfléchit un moment, puis il reprit :

— Votre nom?

— Antonio Allegri.

— Voulez-vous me suivre? Je vous chargerai d'un travail qui, j'en suis sûr, s'accordera merveilleusement avec vos goûts. Ma maison sera la vôtre. Consentez-vous?

Tout ému de reconnaissance, l'enfant répondit qu'il acceptait et murmura un remerciement. Mais en même temps, il attacha un regard morne et plein de regret sur sa madone inachevée.

— Venez, dit l'inconnu. Au lieu de ce papier chiffonné, vous trouverez chez moi une toile. Pour ce crayon, vous aurez un pinceau. Quant à des modèles, je me charge de vous en fournir d'aussi beaux que cette statue.

Antonio suivit son protecteur sans répliquer. Après avoir parcouru plusieurs rues, véritable labyrinthe au milieu duquel il se serait certainement perdu s'il n'eût pas eu de guide, ils arrivèrent devant une maison de belle apparence, à la porte de laquelle l'inconnu frappa deux petits coups en disant :

— C'est là.

Son premier soin fut de faire servir à Antonio un repas succulent, dont il prit aussi sa large part.

Puis, comme les journées étaient très-longues alors, il lui annonça qu'ils allaient faire une petite promenade dans le parc, en attendant le coucher du soleil, heure à laquelle il lui montrerait un admirable spectacle qui gagnait à être vu aux teintes purpurines de ses derniers rayons. En effet, quand ce moment fut venu, il l'introduisit dans une grande salle dont les murs étaient tapissés de plus de quarante tableaux richement encadrés. Au milieu, s'élevait un énorme chevalet soutenant une toile carrée de proportion gigantesque; çà et là erraient, sur des tables ou sur des chaises dispersées, des palettes, des boîtes à couleurs, des pinceaux. C'était, en un mot, tout l'arsenal de la peinture, tout le pêle-mêle confus de l'atelier. Antonio sentit à cette vue son espérance renaître et son cœur se dilater.

— Voilà où se passeront toutes vos journées, dit l'inconnu. Ai-je eu tort de penser que ce genre d'existence et de travail devait vous plaire? Vous commencerez par me regarder peindre, puis vous peindrez vous-même. Plus d'un grand artiste a commencé par broyer des couleurs et nettoyer les palettes. Cette occupation vous fera vivre en attendant mieux.

Antonio employa deux grandes heures à examiner minutieusement les
tableaux de cette somptueuse galerie. Le signor Pescaro (c'était le nom du
gentilhomme modénais) lui expliquait longuement le sujet de chacune des
toiles et ne tarissait pas en éloges sur leur perfection et leur beauté, ce qui
(soit dit en passant) n'était pas trop modeste, puisqu'il s'en déclarait fastueusement l'auteur.

Quand la nuit eut interrompu cette revue qui, sans cela, se fût peut-être
indéfiniment prolongée, Pescaro mena Antonio dans la chambre qu'il lui
destinait. Puis, lui souhaitant une bonne nuit, il le laissa seul. Antonio se
mit alors à récapituler les événements de la journée, et à s'en réjouir de
tout son cœur. Il sautait de joie en songeant au plaisir qu'il aurait à envoyer, chaque semaine, à Correggio, le revenu de son travail, si léger qu'il
fût. Et puis il prononçait le nom de son bienfaiteur, et l'accompagnait de
toutes sortes de bénédictions. Enfin, il était heureux. Cependant une arrière-pensée, qu'il n'osait s'avouer à lui-même, une arrière-pensée qui lui
donnait des remords, couvait dans sa poitrine et la déchirait. Il voulait la
chasser bien loin, et elle revenait toujours avec acharnement. Or, savezvous d'où venait le trouble du pauvre enfant? Savez-vous pourquoi une
amertune secrète se mêlait à l'élan naïf de son bonheur? C'est qu'au moment même où il recevait de son protecteur un inappréciable bienfait, il
s'était surpris en flagrant délit d'ingratitude.

Il trouvait détestables les magnifiques peintures du signor Pescaro!..

III.

Ceci demande explication. Le signor Pescaro était l'homme le meilleur et
le plus bienfaisant; mais, en revanche, l'amateur de peinture le plus exécrable du monde. A cette époque, où la renommée proclamait si haut les
noms glorieux des Giotto, des Cimabué, des Buonarotti, des Raphaël, c'était
une manie très-répandue parmi les gentilshommes, connus par l'abondance
de leurs richesses et l'élévation de leur naissance, de vouloir conquérir,
eux aussi, une part de cette renommée, et ajouter à leur couronne de noblesse le fleuron précieux d'un art qui était alors en grand honneur dans
toute l'Italie.

Ces disciples dégénérés croyaient que l'or, l'étude, et une certaine dose
d'entêtement pouvaient suppléer à l'absence du génie et de l'inspiration; et

le cercle des courtisans qu'attiraient autour d'eux, comme les satellites autour d'une planète, leurs fêtes joyeuses et leurs repas somptueux, ne contribuait pas peu à les entretenir dans cette douce illusion enfantée par leur amour-propre et leur orgueil. Le signor Pescaro était un de ces hommes dont l'erreur est de se croire un talent qu'ils n'ont pas. Il avait sa place marquée au milieu de ces innombrables martyrs de l'art, condamnés d'avance à demeurer sur les degrés du temple, sans y pouvoir jamais pénétrer, et dont les tristes barbouillages ont dû servir plus tard d'enseignes aux boutiques de quelques braves marchands, d'une tolérance plus accommodante et surtout d'un goût moins difficile que la postérité.

Quoi qu'il en fût, Antonio Allegri ne laissa jamais deviner à Pescaro le fond de sa pensée, et se renferma avec une persévérance rigoureuse dans les bornes d'un inviolable respect. Ne pouvant se résoudre à parler contre sa conscience, il écoutait le noble seigneur dans un muet recueillement, et ne se permettait aucune observation ; et il serait souverainement injuste d'accuser en cela Antonio de dissimulation ou d'hypocrisie. Le pauvre enfant n'obéissait alors qu'au sentiment qui lui ordonnait de regarder avant tout le gentilhomme modénais comme un bienfaiteur auquel il devait la vie et le salut de sa famille. D'ailleurs une lutte s'était engagée, à l'insu de lui-même, entre son cœur et sa raison. Il eût voulu pouvoir admirer les productions de Pescaro, et c'était assurément malgré lui et contre sa volonté qu'il les trouvait si odieusement mauvaises. Heureusement qu'on ne lui demandait pas son avis, ce qui le dispensait d'ajouter aux torts qu'il pensait avoir à se reprocher envers son protecteur, la honte d'un mensonge qu'il eût eu bien plus de peine encore à se pardonner.

Pendant un an environ, Antonio remplit avec un zèle qui ne se démentit pas un instant les fonctions modestes de garçon d'atelier (il eût été, au dix-neuvième siècle, ce qu'on nomme en argot d'artiste un *rapin*). Pescaro lui payait régulièrement le salaire dont ils étaient convenus, et le jeune élève n'avait pas une seule fois négligé d'en envoyer le montant intégral à Correggio. Sa sœur Stella, à sa recommandation, lui faisait parvenir de temps en temps des nouvelles de sa famille. Les secours étaient reçus dans la triste maison comme une manne venue du ciel. Le père, moins faible, et réchauffé par un rayon d'espoir, ne maudissait plus si souvent sa destinée, et mêlait dans ses prières le nom de son fils. Quant à Maria, plus courageuse que forte, elle cachait autant qu'elle le pouvait ses souffrances, et faisait mille efforts pour ne pas obscurcir, des nuages de sa mélancolie, le ciel d'azur qui commençait enfin à poindre à l'horizon. Antonio Allegri puisait dans les douces confidences, tombées de la plume de sa sœur Stella, une ardeur et une énergie nouvelles. Enhardi par les bontés de Pescaro, il le pria un jour de lui donner une toile assez grande pour recommencer la *Vierge au rameau*, qu'il n'avait fait qu'ébaucher au crayon sur la place du palais du-cal. Pescaro sourit et lui fit observer qu'il savait à peine tenir un pinceau, et qu'il n'avait pas encore assez travaillé pour aborder une œuvre aussi dif-ficile. Antonio insista, assurant qu'il se sentait capable, sinon de produire une œuvre remarquable, du moins de prouver à son *maître* qu'il avait su profiter de ses leçons. Pressé par les instances de l'enfant et, peut-être aussi, curieux de voir où aboutirait cette présomption, qui lui paraissait exor-bitante, le signor Pescaro consentit à tout.

— Nous ferons tous deux le même tableau, ajouta-t-il; mais sans nous consulter, sans nous en communiquer une seule ligne avant qu'il soit com-plétement achevé. Moi de ce côté de l'atelier, toi de l'autre. Un rideau nous séparera, et nous verrons, monsieur le téméraire, qui de nous deux l'emportera !

Dès ce jour, en effet, les deux rivaux se mirent à l'œuvre. Chaque soir, en se réunissant, Pescaro interrogeait l'enfant d'un ton qui voulait être bienveillant, mais au fond duquel se trahissait néanmoins une légère teinte d'ironie.

— Eh bien! avance-t-il *le chef-d'œuvre ?* lui demandait-il régulièrement après la séance.

Le pauvre Antonio n'avait pas d'orgueil et ne pouvait se sentir froissé des plaisanteries de son patron.

— Attendez, lui répondait-il, attendez, et je promets de m'en remettre, sans murmurer, à votre expérience et à votre jugement.

Enfin, le terme fatal arriva. Un beau jour, le maître et l'élève s'abordè-rent en échangeant ces deux mots : « C'est fini! »

Mais au moment où ils retournaient à l'atelier pour procéder à l'exa-men des deux pièces de concours, un valet vint avertir Antonio qu'une jeune fille, qui n'avait pas osé entrer, l'attendait sous le vestibule, et de-mandait à s'entretenir avec lui. Le jeune artiste, qui, depuis son arrivée à Modène, vivait entièrement isolé et n'avait eu ni le temps ni la volonté d'y contracter aucune liaison, demeura un instant interdit, et essaya de deviner quel était le secret de cette visite inattendue.

— Descendez, lui dit Pescaro; moi, je vais à l'atelier, vous viendrez m'y rejoindre tout à l'heure.

En trois enjambées, Antonio eut franchi les marches de l'escalier. A la vue de la jeune fille qui l'attendait, il poussa un cri de joie, qui fut presque aussitôt étouffé dans un tendre et long embrassement. C'était sa sœur, c'était Stella.

Le premier moment fut tout entier consacré à l'échange de ces mots si affectueux que l'absence amoncèle au fond du cœur, et qui s'en élancent avec impétuosité lorsque vient enfin l'entrevue tant désirée; mais lorsque cet enthousiasme se fut dissipé et eut permis à l'âme d'Antonio de reprendre le calme et le sang-froid de la raison, il recula d'épouvante, comme s'il eût été frappé de quelque affreuse vision. Le visage de Stella était couvert d'une pâleur maladive; ses yeux, jadis d'un bleu si pur, avaient été en même temps obscurcis et rougis par les larmes. Dans toute sa personne respirait l'expression d'une douleur cachée.

— Qu'est-il donc arrivé? s'informa Antonio tout tremblant.

— Notre père se meurt, répondit Stella d'une voix entrecoupée; il ne nous reste plus rien pour le soigner, et si Dieu le rappelle à lui, malheur qui nous menace d'une minute à l'autre, nous n'avons pas même de quoi acheter le petit coin de terre sainte où il reposerait en paix et sur lequel il nous serait si doux d'aller nous agenouiller, afin de lui demander de prier pour nous.

— Notre père se meurt! répéta Antonio avec égarement. Oh! il faut que je parte, que je le revoie, qu'il me pardonne!

— Il t'a pardonné comme tu le méritais, dit Stella.

— Oh! merci; mais tu ne me dis rien de ma mère! de ma bonne mère?

— L'excès du travail a usé sa vue...; elle est presque aveugle; mais elle supporte tous ses maux avec la résignation d'une sainte, murmura la jeune fille. Ah! je crains bien qu'elle ne trouve que là-haut le prix de tous ses sacrifices.

— Et toi, bonne sœur? tu as aussi ta part de toutes ces souffrances... Toi aussi, tu as vu flétrir une à une toutes tes illusions... Ton mariage avec Lucio...

— Je ne songe plus à l'avenir, répondit Stella en retenant à grand'peine ses pleurs; il n'en est point pour les pauvres créatures que la misère a marquées de son sceau fatal.

—Ne te désespère pas ainsi, reprit Antonio saisi d'une soudaine inspiration. Demeure ici un instant..., je veux tenter un dernier effort... Ne t'impatiente pas, je serai bientôt revenu.

Et sans attendre de réplique, il remonta l'escalier aussi rapidement qu'il l'avait descendu, et entra brusquement dans l'atelier.

Le signor Pescaro était assis devant deux chevalets, qu'il avait rapprochés et sur lesquels étaient placés deux tableaux de même grandeur et représentant absolument le même sujet. Malgré cette conformité, il eût été facile à l'œil le moins exercé de reconnaître, à la différence de la touche et surtout de la couleur, que c'était l'œuvre de deux mains étrangères, de deux talents bien distincts. Pescaro, résolu sans doute de prononcer son verdict dans toute la sincérité de son opinion, avançait, reculait, regardait les deux toiles de près, de loin, de face, de profil; puis, de temps à autre, les déplaçait légèrement, dans le but de modifier les effets de lumière et d'apprécier séparément chacun de ces divers aspects. Absorbé dans ce minutieux examen, il n'avait fait nulle attention au retour d'Antonio. Celui-ci, de son côté, était trop préoccupé de la pensée qu'il poursuivait pour craindre de déranger le signor Pescaro au milieu de son travail; et, au risque de lui faire perdre ses idées, il vint à lui en s'écriant :

— Signor Pescaro, ayez pitié de moi !

— Que voulez-vous dire? fit Pescaro tout surpris.

— Je vous dois déjà beaucoup, reprit Antonio d'un ton fervent ; je vous dois de nous avoir sauvés, ma famille et moi, des horreurs de la faim. Faites plus; j'ai un père qui va mourir, une mère qui est aveugle, une sœur jeune et belle qui, devenue orpheline, resterait seule sur terre, indigente, abandonnée, sans appui. Accomplissez un grand bienfait. Donnez au père une tombe, à la mère une retraite paisible, à la fille une dot. Faites cela, monseigneur, et toute ma vie est à vous. Je ne sais que vous offrir qui puisse acquitter une dette aussi énorme. Mais il me semble que mon dévouement et ma reconnaissance me fourniront pour cela des moyens inconnus, auxquels ni vous ni moi ne pensons maintenant. A dater de ce jour, je n'attendrai plus que les occasions de vous prouver que je ne suis pas un ingrat : ces occasions, le temps les fera naître, n'en doutez pas, et je vous jure que je n'en laisserai échapper aucune. Ordonnez, je vous appartiens; je ne respirerai plus, je n'agirai plus que pour vous... Mais, par pitié, signor Pescaro, sauvez ma mère, sauvez ma sœur !

— Je veux exaucer tous tes souhaits, répondit Pescaro, en tendant amicalement la main à Antonio ; mais je suis loin d'accepter en retour les sacrifices que tu m'offres avec tant de désintéressement. Non, je n'accepte pas cette abnégation qui serait la perte de ton avenir. J'ai découvert en toi le germe d'un talent précoce, et le talent, pour parvenir à sa maturité parfaite, a besoin d'air, de soleil et de liberté. Retourne à Correggio, mais avant de partir, je veux te prémunir pour longtemps contre la misère et le besoin. Je t'achète ton premier tableau ; prends cette bourse, elle contient deux cents ducats.

Antonio éprouva alors une joie si grande, qu'il eut peine à la contenir. Il renouvela au signor Pescaro ses promesses de dévouement, et alla rejoindre précipitamment sa sœur.

— Stella ! s'écria-t-il, Stella ! nous sommes sauvés ! Partons.

Et tous deux reprirent, en se tenant par le bras, le chemin qui conduisait de Modène à la petite ville de Correggio.

IV.

Ils arrivèrent à temps. Le vieux père respirait encore. Maria, à qui Antonio remit son trésor, voulut qu'avant d'expirer son mari fût témoin du bonheur de sa fille. Elle courut chez le père de Lucio. Ses scrupules d'avare disparurent à l'aspect de l'or qu'on fit briller à ses yeux. Il donna, séance tenante, son approbation au mariage. Grâce à Antonio, Stella épousa donc celui qu'elle aimait. Quant au vieil Allegri, l'émotion de la joie acheva l'œuvre que le chagrin avait commencée. Il mourut en bénissant son fils.

Il ne restait plus à Antonio que sa mère, son plus tendre amour en ce monde ; mais il était écrit que nulle épreuve ne lui serait épargnée ; privée de la vue, brisée par les fatigues d'une vie dévouée, affaiblie par les privations, elle succombait à la tâche, et marchait à pas pressés vers la tombe. Un soir, Antonio, en rentrant, la trouva étendue sur son lit dans l'attitude d'un calme et profond sommeil. Il courut à elle et l'embrassa, mais ses lèvres se refroidirent... Il comprit qu'il était orphelin !

Stella ne s'appartenait plus. Lucio, ayant résolu d'aller fixer sa demeure à Florence, Stella fut bien obligée de suivre Lucio. Antonio se vit donc plongé dans un isolement complet. Alors sa pensée se reporta vers son bienfaiteur, et il accourut de nouveau à Modène, où il espérait du moins retrouver un cœur ami. La première fois, Pescaro reçut affectueusement son protégé ; la seconde entrevue fut plus froide ; à la troisième visite, le noble seigneur se fit céler. Antonio ne sut jamais le secret de la conduite de Pescaro. Son noble cœur ne pouvait supposer dans l'être que sa reconnaissance avait divinisé, une basse et mesquine jalousie de métier. Tel était pourtant le mot de cette triste énigme. La supériorité de la madone d'Antonio, forcément reconnue par Pescaro, avait affaibli tout d'abord, et éteint par degrés l'intérêt dont il lui avait donné tant de preuves. L'enfant l'avait, sans le vouloir, humilié dans son orgueil de peintre. C'est une des choses qu'un artiste envieux ne manque jamais de payer d'une rancune éternelle.

Antonio ne revit donc jamais son premier tableau. Mais on prétend qu'à la mort de l'amateur Modenais, on découvrit, au milieu des nombreuses peintures de sa galerie, peintures d'une valeur plus ou moins contestable, mais mauvaises en somme, une toile qui faisait contraste avec les autres, et qui méritait vraiment d'être remarquée. C'était, dit-on, une *Vierge au rameau ;* au bas se prélassait, en caractères très-lisibles, le nom du signor Pescaro. . . . .

. . . .

La triste fatalité qui s'était inexorablement attachée à l'enfance d'Allegri le poursuivit sans relâche jusqu'au dernier de ses jours. L'homme fut aussi malheureux que l'enfant. Exempt d'orgueil, oublieux des injures de ses ennemis, aimant à faire le bien, il ne trouva jamais le prix de ces douces vertus que dans la pureté de sa conscience et les jouissances paisibles de son art. Mais, si les palmes glorieuses n'ombragèrent pas son front vivant, le temps lui décerna plus tard la couronne d'immortalité ! Dieu lui devait ce dédommagement. Aujourd'hui, la postérité lui a confirmé son brevet de génie, elle le place auprès de Raphaël, de Michel-Ange et de Jules Romain ; et, comme la gloire est aussi un baptême, elle a donné au grand artiste un nouveau nom, un nom vénéré, qui résume son commencement et sa fin, sa lutte et son triomphe, sa naissance et sa mort, le nom de la ville qui, sans lui, eût été vouée sans doute au néant de l'oubli. Ce n'est plus Antonio Allegri, c'est le CORRÈGE, et il portera jusqu'à la fin des siècles ce nom sur lequel il a fait rejaillir sa propre gloire... Magique puissance, privilége sublime qu'ont les hommes de génie, d'illustrer et d'ennoblir tout ce qui se rattache à eux par les liens de la famille, de la patrie ou du souvenir !

MOLÉ-GENTILHOMME.

LE MOINEAU FRANC ET SA MÈRE.

FABLE.

« Que je serais joli si mon ventre était blanc,
        Disait un petit moineau franc,
Ma tête bleu de ciel et ma robe écarlate !
        Au lieu d'être tout gris,
        Comme dame souris.

> — Enfant, ce qui te flatte,
> Lui répliqua sa mère, est de bien peu de prix !
> Des sots un bel habit est le triste apanage ;
> Ce n'est pas toujours le plumage
> Qui plaît dans un oiseau ;
> L'esprit vaut davantage,
> Mais il faut le montrer sous un simple manteau. »

J. POISLE DESGRANGES.

VER-LUISANT.

CONTE.

I.

Comme il aimait les fleurs, le vieux baron Défeuille ! Quels soins il avait d'elles ! Avec quelle passion il les recherchait ! Comme son cœur se serrait d'inquiétude au moindre vent du nord qui passait sur leur tige verdoyante ! Des trésors étaient enfouis dans les serres-chaudes du vieux baron. Il y avait tel petit arbrisseau, laid et rabougri, haut à peine de dix-huit pouces, qui lui avait coûté dix-huit cents francs, cent francs le pouce ! Le vieux baron n'avait de goût que pour les plantes exotiques ; il n'estimait que celles qui venaient de loin. On raconte des choses fabuleuses sur les sommes d'argent qu'il versa pour acquérir le premier camélia qui vint en France. Le pauvre baron n'en dormait plus. Il se levait la nuit ; éveillait son jardinier pour lui faire part de ses inquiétudes touchant la santé languissante ou prospère du végétal étranger ; le contemplait sans cesse, soulevant une feuille par-ci, enlevant un caillou par-là, fatigant le ciel et le thermomètre de ses questions. Le vieux baron maigrissait à vue d'œil. Rustique, son jardinier, en fut alarmé.

— Maître, lui dit-il un jour, les fleurs ont leur pudicité, elles ne veulent pas être tant regardées : le regard les tue.

Le vieux baron effrayé se promit d'être moins impatient à l'avenir. Dans ces derniers temps, une pensée terrible vint empoisonner le cœur du baron Défeuille : qui aura soin de mes fleurs après moi ? que deviendront mes filles chéries ? disait-il. Il est vrai que le vieux baron n'avait guère moins de cent ans. Une fois en proie à cette idée, elle ne le quitta plus. Il commença, pour la première fois, à sentir le fardeau et l'égoïsme de la passion.

Un beau matin du mois de mai, le vieux baron appela Rustique avec l'accent d'un homme qui vient de prendre une résolution.

Rustique accourut avec ses longs bras, au bout desquels pendaient deux grandes mains sèches et rugueuses comme l'écorce des vieux chênes.

Rustique avait une qualité devenue rare de nos jours : il aimait son maître. Il avait encore une autre vertu : il affectionnait les pauvres. D'une main discrète, on le surprenait souvent poussant la porte des malheureux, déposant un panier de comestibles dans la huche affamée, et s'enfuyant ensuite à toutes jambes, comme quelqu'un qui aurait fait une mauvaise action ; ce qui égayait beaucoup le voisinage. Si quelqu'un se fût avisé de faire des plaisanteries touchant la bonté élégiaque de Rustique, femmes et filles l'eussent dévisagé sur-le-champ. A *Pâques*, à la *Fête-Dieu*, à la *Noël* même, où les fleurs sont si rares, le bon Rustique parcourait le village avec son âne chargé de bouquets, allant de maison en maison, commençant toujours par la plus humble. Personne n'était oublié ; chacun avait son bouquet. Aussi la vénération universelle enveloppait-elle le bon jardinier de mille charmes supérieurs.

Cette excellente nature avait pourtant une antipathie, une seule : une affreuse vieille des environs, qu'il détestait par instinct, sans raison arrêtée. Rustique avait sans doute trop de bonté pour haïr par réflexion. S'il avait ouvert à son cœur les portes de la réflexion, nul doute que la pitié s'y serait logée avant la haine.

Il avait aussi un profond chagrin ; les bons cœurs n'en sont pas exempts. Un fils qu'il adorait avait tout à coup disparu de la maison paternelle, sans que l'on sût par où ni comment. Depuis deux mois il le pleurait. Lorsque les mères s'apitoyaient sur les malheurs du bon Rustique, on voyait toujours l'affreuse vieille sourire malicieusement, ou ricaner dans l'air. On débitait les contes les plus étranges sur cette femme, nommée Gertrude. Les commères de l'endroit assuraient qu'elle avait des entrevues fréquentes et nocturnes avec un homme noir, lequel avait le front cornu et le pied fourchu. Les bonnes femmes disaient encore que l'on entendait toutes les nuits comme un bruit de chaudière en ébullition ; que l'on voyait aussi une fumée noire, épaisse et rouge, jaillir à flots de la chaudière, répandant une odeur sulfureuse sur tout le voisinage ; qu'ensuite, on entendait hurler les chiens et miauler les chats. Puis des gémissements d'âmes en peine. En voilà plus qu'il n'en faut pour justifier l'antipathie du bon Rustique envers Gertrude.

Rustique était donc accouru à l'appel de son maître.

— Eh bien ! Rustique, comment vont nos fleurs ce matin ? lui dit le baron Défeuille.

— Pas mal, monseigneur, répondit Rustique. Cependant, le n° 1141 dépérit de plus en plus, son feuillage jaunit et tombe sans se renouveler.

— Pauvre palmier, il est frappé au cœur ! s'écria le vieux baron.

— Comme moi, soupira Rustique.

— Cette perte m'afflige, reprit le baron Défeuille à Rustique.

— Toute perte porte en soi son affliction, monseigneur, répondit le bon serviteur avec tristesse.

— N'aurais-tu pas négligé quelque peu ce pauvre brésilien ? ajouta le baron, en enveloppant Rustique d'un regard défiant et scrutateur.

— Pas plus que mon propre fils, répliqua Rustique avec calme. Les arbres et les enfants, monseigneur, nous quittent malgré nos soins, malgré notre amour pour eux.

Le baron soupira, Rustique essuya une larme.

— Hélas ! fit le baron, personne au monde n'est plus à plaindre que moi.

Rustique se prit à sourire, d'un sourire à faire pleurer des cailloux.

— Pauvre palmier ! fit le baron.

— Pauvre enfant ! murmura Rustique.

— Rustique, continua le baron, j'ai l'âme inquiète. Nous vieillissons, mon garçon ; que deviendra ma famille de fleurs après moi ? Je n'ai pas d'héritiers. Je veux leur trouver un père. A cet effet, j'ai fait annoncer à son de trompe : que le baron Défeuille nommerait son héritier l'horticulteur qui aurait en sa possession les fleurs les plus rares et les mieux cultivées. La rareté m'assure de ses connaissances, et la culture de son savoir, ajoutait le vieux baron en appuyant son menton sur une canne à pomme d'or. En conséquence, mon garçon, nous allons voyager par la province. Va seller ma jument pour moi, et Manon pour toi. Nous partirons dans une heure à la découverte du jardinier inconnu que j'ai rêvé toute la nuit.

— Oui, monseigneur, fit le bon Rustique avec joie.

Le pauvre homme nourrissait l'espérance qu'il pourrait bien retrouver son petit André dans ce voyage, où il s'agissait de faire le tour de la Bretagne. Le vieux baron chaussa ses grandes bottes de buffle jaune, s'enveloppa lui et sa jument dans un long manteau de drap bleu. Rustique, de son côté, mettait, avec de lourds souliers ferrés, une énorme paire de guêtres de cuir noir, et garnies de boucles d'acier du bas en haut, endossant ensuite une grande veste brune par-dessus un beau gilet rouge écarlate. Ainsi accoutrés, tous deux partirent : l'un sur sa vieille jument, l'autre sur sa bourrique.

Le vieux baron tenait le devant ; Rustique suivait. Lorsque ces quatre créatures passèrent devant la masure en ruines de la vieille Gertrude, il en sortit un ricanement tel, que les moustaches du vieux baron se dressèrent comme des fils d'archal, que sa vieille jument essaya de prendre le mors aux dents, que le bon Rustique devint blême comme un fromage mou, et que Manon fit une ruade à désarçonner le plus habile écuyer. Les voilà donc chevauchant par la province.

— Braves gens, disait le baron Défeuille aux villageois qu'il rencontrait, indiquez-moi la demeure du plus habile jardinier, et je vous fais riches comme les mines du Pérou.

— Bonnes gens, disait Rustique, n'auriez-vous point rencontré un petit garçon de dix ans, vêtu de toile, gai comme un pinson, frais comme une rose, blond comme un épi ? Si vous le connaissez, dites-le-moi, et vous serez bénis du bon Dieu.

C'était ainsi qu'ils voyageaient.

II.

La nouvelle par laquelle le baron Défeuille déclarait devoir prendre pour son héritier légitime le plus habile jardinier du pays, avait déjà fait le tour de la province. On savait que le vieux baron voyageait à cet effet, et voilà toutes les vanités, toutes les ambitions sens dessus dessous.

En ce temps-là un pauvre homme vivait dans Quimper ; sa chaumière était voisine du château du baron Défeuille ; cet homme se nommait Martin l'échenilleur. C'était un rude journalier, grand destructeur d'insectes. Cet homme avait derrière sa maison un jardin, large à peine de quelques mètres. Le voilà remuant, bêchant, semant, plantant son jardin, et dépensant ses économies à l'acquisition de quelques plantes vulgaires, que, dans son ignorance, il estimait sans pareilles. Et, comme il exposait les fleurs du Nord au midi, celles du Midi au nord, faute de savoir les orienter, toutes mouraient. Un matin, l'échenilleur rentra chez lui le visage à l'envers, en s'écriant :

— Femme, le malheur nous poursuit : hier le soleil a grillé mes fleurs, avant-hier le vent les a couchées à terre ; cette nuit les limaces ont dévoré toutes mes plantations. Les feuilles sont percées à jour comme de la dentelle, et les tiges sont coupées à ras du sol. Cette prodigieuse quantité de reptiles est attirée, m'a dit la vieille Gertrude, par un énorme ver luisant

qui, depuis quelque temps, habite notre jardin. Sa lumière les guide à travers la nuit sur mes plus jolis arbrisseaux. Cette nuit même, il faut que cet
insecte périsse, fit l'échenilleur en élevant la voix avec colère.

Quelqu'un, qui était blotti dans l'âtre, se prit à trembler de tous ses
membres, en écoutant cette sentence de mort.

— Georgette, s'écria l'échenilleur, ce soir vous irez mettre le pied sur
le ver luisant qui rôde dans l'herbe de mon jardin.

— Oui, père, avait répondu l'enfant, se remettant un peu de sa terreur.
Elle avait conçu le projet d'éloigner Ver-luisant, qu'elle aimait.

Voici comment cette étrange liaison s'était faite. Par une soirée de juillet,
Georgette se promenant dans le jardin de son père, elle entendit soupirer,
puis pleurer. Comme elle regardait autour d'elle avec inquiétude, elle aperçut une flamme sombre qui brillait et rampait dans l'obscurité. Les enfants
ont l'habitude d'interroger tout ce qui tombe sous leurs sens : poupée, fleurs
ou papillon, Georgette interrogea Ver-luisant.

— Beau Ver-luisant, pourquoi pleurez-vous ainsi? lui dit la petite
fille.

— Hélas! répondit Ver-luisant, je n'ai pas toujours été ce que vous
voyez. Comme vous, j'étais enfant. Je suis bien malheureux, on m'a ravi
aux embrassements de mon père : je suis votre petit voisin André.

— Petit voisin André, qui donc vous a changé ainsi?

— Une méchante femme, la vieille Gertrude, qui en veut beaucoup à ma
famille. Pourquoi cela? je ne sais; seulement, j'ai entendu dire qu'humiliée
des dédains de mon père, qui lui a toujours refusé les fleurs qu'elle désirait
de lui, elle avait juré de s'en venger. Elle était plus furieuse encore du vivant
de ma pauvre mère. La raison, je l'ignore : les enfants ne savent pas tout.
Un jour, passant devant sa demeure, elle m'appela ; j'entrai sans défiance.
A peine eus-je dépassé la porte, qu'elle m'entraîna dans son jardin, pro-
nonçant d'étranges paroles, me frappa d'une longue baguette, en s'é-
criant : « Maudit enfant! je me venge des dédains de ton père et du bonheur de ta mère. » Je poussai un cri, et je tombai ver luisant. Depuis, j'erre
de jardin en jardin, exposé aux inconvénients de ma chétive nature. Hier,
je vis dans ce jardin l'énorme sabot de l'échenilleur suspendu sur moi; je
me crus mort. Je suis condamné à vivre ainsi jusqu'au jour où une petite
fille, bonne et sage comme la Vierge Marie, prononcera trois fois de suite le
même mot. Lequel, je l'ignore. Cela se trouvera-t-il jamais?

On comprend maintenant la terreur de la bonne Georgette en entendant
la colère de son père. Le soir même de la sentence prononcée par l'éche-

nilleur, elle courut avertir Ver-luisant qu'il eût à déloger au plus vite. Elle lui fit part aussi de l'ambition de son père.

— Dans trois jours, lui dit-elle, le baron Défeuille sera de retour ; mon père est désolé de la stérilité de son jardin.

Le lendemain, les chenilles, conjurées contre Martin, avaient dévoré le reste des plantes. L'échenilleur mit fin à ses projets d'ambition : il n'alla plus au jardin.

— Allez tôt par les bois, par les prés, dit Ver-luisant à Georgette ; arrachez toutes ces plantes maladives de ce jardin, et dès ce soir même remplacez-les par celles que vous aurez recueillies dans le val et sur les monts.

Georgette fit ce que lui conseillait Ver-luisant. Elle travailla avec ardeur, harmonisant son parterre avec un art infini. Une rosée abondante, qui tomba vers le lever de l'aurore, releva soudainement l'éclat un peu obscurci de ses fleurs nouvelles.

Tout le village connaissait les prétentions de l'échenilleur, et tout le monde en riait sous cape. Le baron Défeuille arriva. La malignité publique lui indiqua la demeure de Martin. Le baron résolut de terminer par là ses visites infructueuses. Le village s'apprêtait à rire de la mystification du bon seigneur ; le village se trompa. Le baron entra chez l'échenilleur : tout le monde était sur les portes.

III.

— Il paraît, maître Martin, que vous avez un jardin des plus rares, dit le vieux baron en abordant l'échenilleur.

Le pauvre homme, à cette question du baron, perdit visiblement contenance ; mais la petite Georgette était là. Après avoir fait une belle révérence au bon seigneur, elle le conduisit dans le jardin de son père. L'échenilleur faillit tomber à la renverse en voyant les métamorphoses de ses fleurs. Georgette souriait avec confiance.

— Que vois-je ! s'écria le vieux baron émerveillé, et fatigué qu'il était d'avoir vu tant de fleurs ressemblant aux siennes plus ou moins. L'échenilleur se tenait piteusement à l'écart.

— Enfant, comment nomme-t-on cette fleur qui a la forme d'une étoile et la couleur des cieux ?

— Bluet, monseigneur, répondit Georgette.

— Et celle-là, qui ressemble à une goutte d'or perdue dans l'herbe ?

— Bouton d'or, monseigneur.

— Et cette autre qui tremble, svelte et rouge, sur sa tige, ainsi qu'une flamme au vent?

— Coquelicot, monseigneur.

— Et cette petite, enfant, qui te ressemble par sa simplicité et sa candeur?

— Marguerite, monsieur le baron.

— Ravissant! ravissant! s'écriait le bon seigneur, allant de la surprise à l'admiration. Il contempla longuement des petites clochettes blanches, bleues et roses, qui grimpaient et traînaient au pied d'une haie. Il rêva quelque temps en face d'un genêt jaune et vert. Une petite bruyère des forêts, qui venait de fleurir, lui arracha des larmes d'admiration.

Rustique regardait silencieusement, songeant à autre chose. Il faut, pensait de son côté l'échenilleur, que notre enfant soit une petite fée pour tourner l'esprit de monseigneur avec ces méchantes fleurs qui poussent partout.

— Que de chemin il a fallu faire pour se procurer ces merveilles de la nature! disait le vieux baron; que d'argent elles ont dû coûter! que de soins cela a dû demander! Petite, sous quel climat naissent ces merveilles?

— Sous le ciel de la France, monseigneur.

— Quelle terre les a produites?

— La terre natale, monseigneur; celle qui vous a vu naître.

— De quoi vivent-elles?

— De la pluie du ciel.

— Quand et comment les cultive-t-on?

— Le bon Dieu les sème, le temps fait le reste, monseigneur.

— Quoi! s'écria le bon seigneur ému, ces fleurs seraient les fleurs de la patrie?

— Nous les nommons ainsi, monseigneur, reprit Georgette.

— J'ai cent ans, belles fleurs, et j'eus jusqu'ici le malheur de vous ignorer. Ah! dit-il en prenant la petite fille dans ses bras centenaires, enfant, je cherchais un savant, mais vous m'apprenez que j'ai besoin d'un sage. Je vous fais mon héritière!

Georgette s'échappa des bras du bon seigneur et se mit à crier trois fois, pleine de reconnaissance et d'amour:

— Ver-luisant! je t'aime! je t'aime! je t'aime!

A ce mot magique, un petit cri se fit entendre dans un taillis de seringat. Un enfant en sortit, vêtu de toile, gai comme un pinson, frais comme une rose, blond comme un épi.

— André! mon petit André! fit le bon Rustique en fondant en larmes; la joie faillit l'étouffer. André et Georgette s'embrassèrent comme deux anges.

— Si nous y sommes encore dans dix ans, s'écria le vieux baron en contemplant les deux beaux enfants, je veux danser le menuet à leur noce.

On raconte qu'effectivement Dieu, bénissant toute bonne œuvre, avait voulu que le baron Défeuille accomplît son vœu. Quand le baron sortit de chez l'échenilleur, le village était à moitié mortifié. Et quelqu'un disait, en revoyant le petit André, triomphalement assis sur la bourrique que conduisait son père :

— La haine dénature; mais l'amour transforme.

SAVINIEN LAPOINTE.

Passy, 1852.

LE PIANO.

Voici le printemps, c'est son heure,
Il revit avec la saison ;
Au vent du soir chaque demeure
Répand sa voix intérieure
Par la croisée à l'horizon.
Quand vibre son vague génie,
Le rêveur écoute d'en bas,
Aspirant sa fraîche harmonie
Avec la jeunesse infinie
Qu'exhale l'odeur des lilas.
Ce jeune homme à l'ardente tête,
Peut-être, à la fin d'un beau jour,
Est-ce Roméo qui s'arrête
Sous le balcon de Juliette
Pour entendre son chant d'amour.
Par la fenêtre harmonieuse,
Traversant son cadre de fleurs,
Les sons à l'oreille amoureuse
D'une âme triste ou bienheureuse,
Portent l'allégresse ou les pleurs.
Le piano, pour le poëte,
De la vierge trahit le cœur,
La joie ou la peine secrète

Qui fait pencher sa jeune tête
Sous le poids de l'amour vainqueur.
Ici, c'est un rhythme de danse
Provoquant les pas à bondir,
Et dont la joyeuse cadence
Révèle une enfant sans souffrance
Avide d'air et de plaisir.

Là, ce chant sombre qui s'élève,
Se mêlant aux pleurs de la mer,
Dit le mal d'une âme qui rêve
A la mort d'Edgar sur la grève
Et gémit du destin amer.
Là, c'est la vierge désolée
Pleurant aux sanglots de Schubert,
Et dans sa demeure isolée
Consolant son âme troublée
Aux accords vagues de Weber.
Laissez vos mains, ô jeunes filles !
Toucher le sonore instrument,
Créer la fête des familles,
Eveiller les joyeux quadrilles,
Chanter vos rêves à l'amant ;

Verser la noble poésie
Au sein des vulgaires maisons,
Les charmer de sa fantaisie,
Ouvrir son âme rétrécie
Aux mélodieux horizons !

Par sa musique familière
Donner l'idéal chaque jour,
Du travail reposer le père,
Rendre la jeunesse à la mère,
A l'enfant inspirer l'amour !

Aimez toujours l'ami fidèle,
L'harmonieux consolateur,

Qui, sous vos doigts jamais rebelle,
Est dans sa demeure éternelle
Le compagnon de votre cœur !
Caressez ses cordes humaines,
Qui, comme vous, savent vibrer ;
Comme les anges, dans nos peines,
Versez-nous les notes sereines
Des flancs de l'orgue du foyer !

Oh ! rendez-nous les saintes heures
Du temple en sa sérénité ;
Et faites-nous de nos demeures
Par nos fêtes intérieures
Une église d'intimité !

Ch. Alexandre.

HISTOIRE NATURELLE.

LE PETIT BUFFON HISTORIQUE ET AMUSANT.

(Suite.)

L'anecdote de Marie, ou la passion des roses, que nous avons rapportée dans notre dernier article, peut fournir à nos jeunes lecteurs une salutaire morale. Evitons, même dans le bien, de nous laisser entraîner par les désirs d'une imagination trop ardente.

Le meilleur frein pour nous arrêter sur une pente trop rapide et nous guider avec sagesse dans le sentier de la vie est une bonne et solide instruction, qui, avec l'histoire à la main, nous montre, comme dans un miroir, les défauts de nos semblables, sans nous déguiser les nôtres. Le remède nous y est toujours indiqué à côté du mal, et la lecture des bons livres nous en apprend l'utile application.

C'est le but vers lequel veut vous diriger chacun des collaborateurs de la *Bibliothèque des familles*, qui, tout en vous offrant de jolies poésies, d'amusantes anecdotes, veut jeter dans votre âme la bonne semence de la vertu.

Nous voulons tous que cette inscription : *Trésor des remèdes de l'âme*, placée par Osymandias, roi d'Egypte, sur sa bibliothèque, soit applicable à celle que nous adressons chaque mois à nos jeunes abonnés.

La vertu n'exclut pas le sentiment du beau. C'est pourquoi nous continuerons à rendre nos hommages à ces fleurs charmantes qui délassent notre
vue, parlent à notre esprit et peut-être nous consolent, comme autrefois le
célèbre botaniste Linné, qui, dans sa plus tendre jeunesse, cessait de verser
des larmes sitôt que sa mère lui donnait une fleur.

HISTOIRE NATURELLE. — BOTANIQUE.

Suite des faits et souvenirs historiques auxquels se rattache la rose.

FONTENAY-AUX-ROSES. — Dans le département de la Seine, non loin de
la petite ville de Sceaux, se trouve un site charmant, renommé pour la culture des roses et désigné, pour son commerce spécial de cette fleur, sous le
nom de Fontenay-aux-Roses.

On y voit de vastes champs couverts de rosiers, et l'air y est embaumé
du suave parfum que ces fleurs y répandent avec tant d'abondance.

Combien de poëtes et de zélés admirateurs de la nature sont allés contempler ce délicieux parterre!

Parmi eux, nous citerons Condorcet, qui souvent, pendant la tourmente
révolutionnaire, y allait chercher le calme et le repos, et qui y fut conduit
une dernière fois par une inspiration bien fatale.

Député à l'Assemblée législative, il fut plus tard membre de la Conven-
tion; mais ses écrits le firent ensuite poursuivre, et enfin mettre hors la loi.

Fugitif, il trouva un refuge dans un hôtel tenu par la veuve du sculp-
teur Vernet. Cette dame reçut le proscrit avec ces sublimes paroles : « Entrez, monsieur; si vous êtes hors la loi, vous n'êtes pas hors de l'humanité! »

La mort, qu'il fuyait en ce moment, n'était que suspendue. Voulant
respirer l'air de la liberté, il quitta sa retraite et se dirigea vers le lieu de
sa prédilection, Fontenay-aux-Roses, où il trouva un ami sur lequel il
croyait pouvoir compter.

Avec quel bonheur il revit ces champs couverts de roses, qui semblaient
lui promettre alors un meilleur avenir!

Il se croit près de l'habitation de son ami; il frappe; le domestique qui
lui ouvre le reconnaît et est saisi de compassion en voyant la figure souf-
frante du proscrit. « Pouvez-vous me recevoir? — Non, monsieur, mon
maître ne vous aime pas. » Condorcet s'était trompé, il était chez un ennemi.

Reconnaissant son erreur, il sortit précipitamment.

La porte de son ami ne lui fut ouverte qu'à moitié. Il trouva de l'hésitation, et, ne voulant compromettre personne, il s'enfonça dans les bois; mais avant il cueillit une rose, qui, comme lui, ne devait vivre qu'un jour!

Il entra dans une modeste auberge, et demanda une omelette pour déjeuner. « Combien d'œufs? lui dit l'hôtesse. — Une douzaine. — Une douzaine! » exclama celle-ci. Elle soupçonna alors que l'habit d'ouvrier que portait son hôte pouvait bien cacher un suspect. Elle le fit dénoncer.

Condorcet fut arrêté et conduit en prison; mais le lendemain on le trouva mort : il s'était empoisonné! La rose qu'il avait cueillie était effeuillée. Elle mourait avec le proscrit.

La rose du prisonnier. — A l'ouest de la ville de Brünn, capitale de la Moravie, se trouve la forteresse du Spielberg, autrefois le palais des grands seigneurs et depuis la plus rigoureuse prison de la monarchie autrichienne.

C'est dans cette forteresse que fut renfermé Silvio Pellico.

Parmi les condamnés qui y étaient détenus se trouvait le musicien Maroncelli, qui fut, en même temps que l'auteur de *Mes prisons*, condamné au *carcere duro*.

Celui qui devait subir cette peine était obligé de travailler, de porter une chaîne aux pieds, de dormir sur des planches nues et de vivre de la plus pauvre nourriture qui se puisse imaginer. Le travail qu'on exigeait du prisonnier était quelquefois de faire de la charpie, de fendre du bois ou de tricoter des bas, avec l'obligation d'en livrer deux par semaine.

Maroncelli, malgré cette dure captivité, faisait souvent résonner de son chant mélodieux les sombres voûtes de la forteresse. Mais bientôt une tumeur se déclara au genou gauche, et les fers dont il était chargé ne faisaient qu'accroître ses horribles souffrances. Son corps ne fut bientôt qu'un squelette, et l'amputation fut déclarée indispensable. Maroncelli se résigna et demanda pour toute grâce que Silvio fût son garde-malade, afin, disait-il, que s'il mourait pendant l'opération, il pût au moins déposer son dernier soupir sur le front d'un ami.

L'heure dernière du prisonnier ne devait point encore sonner. Il supporta l'amputation avec courage, et quand il vit emporter sa jambe coupée, il lui jeta un regard de compassion; puis, se tournant vers le chirurgien qui l'avait opéré, il lui dit : « Vous m'avez délivré d'un ennemi, et je n'ai aucun moyen pour reconnaître ce service. » Apercevant sur la fenêtre le rosier qu'il soignait chaque jour avec tant de sollicitude et de plaisir, il se le fit apporter, puis en détacha une rose, qu'il offrit au vieux docteur en lui disant : « Prenez cette fleur, elle m'est chère, et je vous la donne comme mon unique trésor. » Le chirurgien prit la rose, et une larme brilla sous sa paupière.

Maroncelli ne sortit du Spielberg que deux ans après. Il fut envoyé en exil sur la terre d'Amérique, où devait finir le dernier chant du prisonnier !

Mme FERDINAND MARIE.

MODES.

Quelle foule, quel bruit, quel assemblage confus de gens de tout âge, de tout sexe et de toute condition ! Les promenades sont envahies de toutes parts. Les Champs-Elysées sont devenus trop étroits pour contenir les nombreux curieux qui se pressent en désordre dans ses allées.

Quel est donc ce jour qui a mis tout Paris en émoi, et qu'a-t-il de si attrayant? Ce jour est celui du Vendredi-Saint, et il est aussi celui du triomphe de la mode.

Il m'est impossible de ne pas vous en exprimer tout mon étonnement. Autrefois, vous le savez, il y avait aussi dans ce même lieu de nombreux promeneurs; mais ces promeneurs étaient des pèlerins qui allaient, en ce jour de religieuse douleur, contempler un lieu de retraite où s'était retirée une princesse royale, fuyant à jamais le monde et ses joies. Maintenant, tout est bien changé, et si quelques personnes s'associent encore à la douleur de ce grand jour, d'autres ont le triste secret de s'en affranchir et de faire de ce jour-là celui de leurs vanités et de leurs pompes.

Quoi qu'il en soit, le temps était magnifique. Le ciel, que ne ternissait pas le plus petit nuage, semblait sourire à la terre, et la terre aussi souriait au ciel ; car je ne me rappelle pas avoir vu, dans tous les brillants équipages qui se succédaient les uns aux autres, un seul visage qui n'eût pas le sourire sur les lèvres. C'est que, quand le ciel brille et que le soleil vient, après un long hiver, réchauffer de ses tièdes rayons la terre encore glacée et détendre, pour ainsi dire, nos membres raidis par les longs froids, il est rare que nous résistions à ces douces sensations ; et, ne fût-ce que pour quelques heures. comme le soleil, nous semblons radieux, et avec lui nous échauffons notre existence. Le bien-être se répand dans toute notre personne, et pour quelque temps nous sommes heureux.

Les toilettes étaient fort brillantes, et je veux vous en signaler quelques-unes.

Mme la comtesse de D. portait une robe de taffetas rose rayé, couverte de volants jusqu'à la taille. Chaque volant était garni avec un galon de soie qui semblait de larges filets d'argent. Le corsage, ouvert jusqu'à la taille et garni devant avec de petits volants correspondant avec la jupe, laissait voir une espèce de gilet de mousseline brochée, ayant autour de l'encolure une magnifique angleterre, qui, tombant à flots sur la robe, produisait un effet ravissant. Cette dame portait un chapeau rose, recouvert d'angleterre et orné d'un côté d'une grosse rose mousseuse. Le dessous était aussi garni de mêmes fleurs.

Je ne sais de quel magasin sortait ce chapeau; mais ce que je puis dire, c'est qu'il avait un cachet d'élégance tout particulier.

Une autre jeune femme avait une robe de soie bleue claire, à petits carreaux blancs. La jupe était aussi couverte de volants; mais ceux-ci étaient découpés. Le corsage à basques était ouvert sur un gilet de gros de Naples blanc, fermé avec de petites pierres bleues. Un chapeau de crêpe blanc, orné d'un bouquet de plumes flottantes très-légères, et un crêpe de Chine broché de plusieurs couleurs, achevaient admirablement cette toilette pleine de fraîcheur et de goût.

Nous avons eu, ces temps derniers, quelques beaux bals; mais celui qui a surpassé tous les autres en richesse et en beauté, est, sans contredit, celui qu'a donné l'un de nos ministres.

Jamais on n'avait vu tant de fleurs; elles semblaient naître sous les pas légers des danseuses : aussi quand, après quelques moments d'absence, on se retrouvait dans le salon qu'on venait de quitter, tout paraissait si brillant et si-radieux, qu'on était tenté de se demander quelle baguette enchantée avait produit toutes ces merveilles. Enfin rien, depuis bien long-temps, n'avait été comparable à cette fête splendide.

Il y avait là une jeune fille portant une robe de crêpe blanc à double jupe. La seconde était relevée, de distance en distance, par des bouquets de lilas. La coiffure, faite avec des touffes de mêmes fleurs, rendait cette toilette fort distinguée.

J'ai aussi vu une jeune femme qui avait une robe de taffetas rose, recouverte de dentelle. Le devant était garni en tablier, avec des bouquets de clochettes roses, et, du milieu de ces bouquets, sortaient de gros diamants qui semblaient autant de petits soleils. La coiffure était disposée avec les mêmes fleurs, seulement il y avait plus de feuillage que dans les bouquets de la jupe, et parmi ces feuillages brillaient, semblables à de petites branches couvertes de neige, de longs fils de diamants, qui venaient se perdre dans la brune chevelure de cette jeune et belle dame.

Je ne saurais vous dire l'effet de cette éblouissante toilette, au milieu de salons brillamment éclairés et si pompeusement ornés des fleurs les plus rares ; on se demandait si l'on n'était pas le jouet d'un rêve, ou si, par enchantement, on ne s'était pas trouvé transporté dans un de ces magiques châteaux de fées, dont les récits merveilleux ont causé tant de joies enfantines.

Les robes de ville se font tantôt ouvertes sur un gilet de piqué blanc ou de taffetas broché, et tantôt montantes, comme les amazones.

On garnit les jupes avec de larges bandes de velours posées en diminuant jusqu'à la taille ; mais je dois dire que les volants ont encore la préférence. Les robes de barége sont généralement très-jolies cette année. J'en ai vu une Jean-de-Paris, qui était charmante : c'était un fond blanc couvert de bouquets de roses, et le bord de chaque volant était terminé par une large raie satinée : c'était d'une très–grande fraîcheur.

Les jeunes filles porteront cet été des jupes de mousseline d'organdi ou de soie de fantaisie, avec, non pas des gilets, mais des corsages de piqué blanc à basques et prenant bien la taille. C'est, dit-on, très-frais et de très-bon goût pour les jeunes personnes.

On fait aussi, pour les petites soirées, des jupes de soie rose ou bleu clair ; on met, en guise de corsage, un canezou de mousseline brodée, ayant autour de la taille une garniture qui forme basques, et l'on ferme le devant avec des nœuds de ruban de la même nuance que la jupe. C'est très-jeune et très-joli.

Les fleurs artificielles ont fait place aux fleurs naturelles, et j'ai vu plusieurs coiffures de ce genre, qui m'ont paru charmantes. Une jeune femme portait une guirlande de géranium rose dans une chevelure noire ; cela va très-bien.

. Une autre était faite de petits boutons de roses blanches et roses mêlées de bruyère ; c'était très-joli, mais malheureusement cela ne dure pas, et quand sonne minuit, toute la fraîcheur de la coiffure a disparu.

Rosa du Sablen.

LOGOGRIPHE.

Jetez les yeux sur une sphère,
Et vous pourrez m'apercevoir.
Pour tous parents je n'ai qu'un frère :
C'est ce qui fait mon désespoir.
Hélas ! l'un et l'autre nous sommes
A ne pas nous voir résignés,

Car, sans pitié, la main des hommes
Nous a pour toujours éloignés.
Mais de nos peines mutuelles
Phébus adoucit la rigueur :
Dans ses visites annuelles,
Il donne à chacun des nouvelles
Prises par delà l'équateur. —
Et maintenant, si l'on transpose
Avec art mes huit pieds, soudain
Je suis grec, moderne ou romain ;
Je suis mesquin ou grandiose.
Je commande le Parthénon ;
Et vous que le luxe efférmine,
Athéniens, j'entends Zénon
Vous prêcher en vain sa doctrine. —
Avec cinq pieds, chez maint auteur,
En prose comme en poésie,
Je me suis vu le correcteur
De plus d'une grosse hérésie. —
Puis, complice de l'échafaud,
Armant la main d'un cannibale,
J'ai porté dans la capitale
La pâle tête de Féraud,
Ou de madame de Lamballe. —
Sans moi que serait l'orateur,
Le poëte ou le prosateur?...

CHARADE.

Autrefois les consuls, après une victoire,
Lorsqu'ils entraient dans Rome, employaient mon premier :
Mon dernier se rattache à la moderne histoire
De cette même Rome. En tout temps mon entier
Fut pour la chirurgie un puissant accessoire.

Le mot du dernier Logogriphe est COCHER, dans lequel on trouve les mots :
Cocher, croche, roc, roche, choc, coche, écho, cor, or.

Le mot de la Charade est MOUTARD.

Typographie HENNUYER. Batignolles.

MORALE CHRÉTIENNE.

J'ai pris l'engagement, jeunes lectrices, dans notre dernier entretien, de démontrer que la religion, par une bénédiction spéciale de la Providence, est l'unique source des vraies et solides jouissances, et qu'elle donne au chrétien sur la terre tout le bonheur qu'on peut y goûter.

Je vais essayer de vous tenir parole.

I.

Qui ne désire le bonheur? qui ne s'efforce d'y parvenir? c'est le but de tous les travaux, de toutes les études, et même de toutes les folies. Nous aurons donc résolu un problème important, si nous réussissons à indiquer la véritable source du bonheur.

Mais comment persuader qu'on le trouve dans les austères pratiques d'une religion qui ne prêche qu'abnégation et sacrifices? Cependant rien n'est plus vrai; et j'espère, jeunes lectrices, si vous daignez m'écouter avec bienveillance, vous ranger de mon avis.

II.

Le monde, au milieu duquel vous vivrez bientôt, si vous n'y vivez déjà, vous tiendra un tout autre langage. Il vous dira, lui, qu'il n'y a de bonheur que dans ses fêtes ; que ceux-là sont heureux qui possèdent de riches parures, de somptueuses habitations, qui jouissent de l'estime et de l'amitié des hommes, et mille autres choses pareilles. Ne croyez pas le monde, il veut vous tromper.

Et si le plaisir, son idole et son héraut, abusant de l'inexpérience de votre âge, vient à vous et vous dit : *Suivez-moi, je donne à tous paix et félicité;* ne vous laissez pas séduire.

Les roses dont il se couronne cachent de cruelles épines ; ses folles joies étouffent des sanglots, et la coupe d'or qu'il approche de vos lèvres, en disant : *Buvez, buvez, jusqu'à l'ivresse,* est remplie de poisons mortels.

Le plaisir est une sirène perfide qui charme ses victimes par la douceur et la magie de sa voix, mais qui ne les attire que pour les dévorer.

On voit, il est vrai, de jeunes hommes, de jeunes filles se livrer aux plaisirs avec tant d'ardeur, qu'on serait tenté de croire qu'ils y trouvent la félicité. Ah! n'enviez pas leur sort, plaignez-le plutôt. C'est la fièvre d'âmes où les passions bouillonnent, c'est le délire des sens, mais non pas le bonheur.

III:

Non, jeunes lectrices, le bonheur n'est pas là. Les fastes de notre âge impie et matérialiste ont mille pages écrites, hélas! avec du sang, et qui prouvent qu'on est malheureux quand on s'éloigne de Dieu.

Que d'hommes à qui rien ne manque de ce que le monde estime, richesses, honneurs, plaisirs, et qui sont à plaindre! Des serviteurs dévoués se prêtent, le jour et la nuit, à tous les caprices de leur volonté; leurs tables sont couvertes de mets délicieux, de vins exquis; tous leurs jours sont des jours de fêtes; et cependant l'ennui les ronge, et le vide de leur cœur les poursuit partout. On dirait que la main fatale du festin de Balthazar écrit contre eux sur toute muraille une malédiction.

D'où vient cela? Ne le demandez pas; ils ont abandonné le Dieu, loin duquel l'âme languit et meurt; le Dieu qui les avait créés pour lui, comme il a créé la lumière pour nos yeux, les étoiles pour le firmament.

IV.

Cependant, quand je dis que la religion donne le bonheur, je ne prétends pas qu'elle donne une félicité sans mélange. La béatitude parfaite n'est point sur la terre.

Le bonheur est une plante des montagnes célestes; il croît mal dans notre vallée maudite, et, s'il y fleurit quelquefois, ce n'est que dans le cœur du juste.

Qu'est-ce donc que le bonheur auquel nous puissions aspirer en cette vie?

C'est, jeunes lectrices, le contentement de l'esprit, la paix du cœur, et la quiétude des sens soumis à l'âme.

1° Le contentement de l'esprit: il résulte de la certitude translumineuse que donne la foi, de cette conviction divine qui remplit l'âme d'ineffables clartés.

Dieu et son essence éternelle, l'homme, son origine et ses destinées apparaissent au vrai croyant dans un jour si pur, que les solutions du raisonnement humain ne sont, en comparaison, que ténèbres profondes.

Le spectacle des biens et des maux mêlés invinciblement aux choses d'ici-bas, et qui sont pour l'esprit fort une énigme insoluble, et souvent un scandale, manifeste à l'enfant de lumière la sagesse infinie de Dieu, et il se réfugie avec bonheur dans les douces espérances de la gloire immortelle que Dieu promet à la patience.

2° La paix du cœur : la religion la donne, en en calmant tous les orages. La voix plaintive de ses enfants qui crient : *Sauvez-nous, nous périssons,* monte vite à son cœur de mère ; et, comme Jésus sur le lac de Génésareth, elle commande aux flots, et les flots s'apaisent ; aux vents, et les vents retiennent leur souffle impétueux.

Et pour nous dédommager des vains plaisirs dont elle exige le sacrifice, elle nous fait goûter dans une paix divine d'inexprimables jouissances.

3° Enfin la quiétude des sens soumis à l'âme : la religion la donne aussi en enseignant au disciple de l'Evangile l'art sacré de soumettre les membres à l'esprit qui les anime, et ce corps éphémère, mais rebelle, à l'âme immortelle qui doit y commander en reine.

V.

Ne vous impatientez pas trop, jeunes lectrices, du sérieux de mes paroles ; je vais le tempérer, et réveiller votre attention en vous communiquant une gracieuse légende qui revient à notre sujet. Je l'emprunte à saint Grégoire, au deuxième livre de ses *Dialogues.* Ce pape, de glorieuse mémoire, raconte que la vierge Scholastique, sœur vénérable de l'illustre saint Benoît, venait chaque année visiter son frère.

Au jour convenu la vierge se mettait en route, le saint abbé descendait du mont Cassin avec ses frères, et l'entrevue se passait dans une habitation extérieure qui dépendait du couvent.

Or, un jour que les deux saints répétaient leur visite annuelle au lieu accoutumé, les heures rapides s'étaient écoulées en hymnes à la louange de Dieu et en pieux colloques.

Vers le soir, le saint abbé se préparait à remonter avec ses frères, et sa sœur, affligée d'une si prompte séparation, s'efforçait vainement de le retenir encore.

Voyant que ses efforts étaient inutiles et que le saint restait inflexible, elle appuie ses mains jointes sur la table devant laquelle elle était assise, incline sa tête dans ses mains, et prie Dieu avec tant de larmes, que le ciel, qui était alor d'une sérénité parfaite, se fondit en torrents de pluie.

Et les pieux cénobites ne pouvant retourner à leurs cellules, la vierge put, durant la nuit entière, continuer les ravissements du jour.

Qui pourrait dire ce qui se passait de délicieux dans ces âmes héroïques ! Il me semble voir les anges de Dieu suspendre leur cantique éternel, et laisser un instant muettes leurs harpes d'or, pour contempler ce spectacle vraiment digne des cieux.

Quelques jours plus tard, le vénérable abbé vit une blanche colombe qui s'envolait au ciel, et il annonça à ses frères que la vierge avait quitté la terre.

VI.

Cherchez donc, jeunes lectrices, la félicité et les vrais plaisirs dans une religion qui peut donner à l'âme de telles extases de bonheur.

Ne les demandez ni à la vanité, ni à la corruption du monde.

Souvenez-vous du mirage du désert. Le voyageur altéré croit voir tout près une eau limpide. Il presse le pas ; il avance, avance encore. Mais, épuisé enfin, et perdant courage, il tombe et meurt, sans avoir pu atteindre le fantôme dont l'illusion trompait ses yeux.

Souvenez-vous de ces fruits vermeils qui croissent sur les bords désolés du lac maudit où gisent les villes coupables, ensevelies, aux jours de Loth, par la justice divine, sous une pluie de soufre et de feu.

Ces fruits si beaux, et qui tentent par un aspect séduisant, tombent en poussière quand la main les touche pour les cueillir.

Jeunes lectrices, cette eau menteuse du désert, ces fruits trompeurs sont l'image des promesses et des plaisirs du monde.

Vous voulez le bonheur, cherchez-le donc en son principe, en Dieu.

L'abbé CHOUDEY,
Aumônier du collége de Sens.

LES LEÇONS DU RABACHEUR.

MES CHÈRES DEMOISELLES,

Depuis notre dernière leçon j'ai éprouvé un grand malheur, ou, pour parler plus exactement, un véritable désastre, qui a failli interrompre pour longtemps notre correspondance. Vous connaissez mes principes et mes goûts de stabilité, mes répugnances pour le changement. Jugez donc de la douleur que j'ai dû ressentir en me voyant contraint à quitter le quartier que j'habitais depuis vingt-un ans, la rue que je traversais chaque jour, la maison où je rentrais chaque soir après mes leçons! C'était le plus rude coup dont pût être frappé un septuagénaire, aimant jusqu'à l'idolâtrie de vieilles habitudes de localités et de personnes, qu'il eût fait tout au monde pour conserver, si la chose eût été possible. Mais, hélas! aucun sacrifice de ma part n'a pu adoucir celui dont dépendait mon bonheur ici-bas! Il m'a puni sans pitié d'une faute que j'avais commise dans toute l'innocence de mon âme.

Apprenez la cause de mon malheur, mesdemoiselles, afin que vous et vos parents puissiez l'éviter. Une révérence, s'il vous plaît, un coup de chapeau, je vous prie, quand vous rencontrerez dans l'escalier le propriétaire de votre maison; car un locataire, rappelez-le-vous, est, devant son propriétaire, un soldat devant son colonel, un sujet devant son souverain. C'est pour avoir ignoré ce principe, que je n'avais lu dans aucun traité de la civilité, que j'ai eu à supporter le chagrin d'un congédiement inattendu. Mes cheveux blancs, mon désespoir, l'émotion que l'annonce de mon départ avait répandue dans le quartier, rien n'a pu fléchir le propriétaire blessé dans le juste orgueil de sa suprématie méconnue. Force m'a été de transporter mes pénates dans un autre lieu, en évitant avec soin les maisons habitées par ceux qui veulent bien, pour une légère rétribution, nous donner place au feu, à la chandelle et au coucher.

Voilà une longue digression, qui a retardé de quelques minutes mes études grammaticales; mais j'ai pensé qu'elle se justifiait par la leçon qu'elle offre à votre inexpérience, et que d'ailleurs elle trouvait son excuse dans le désir d'adoucir ma peine en l'épanchant dans l'intimité de notre correspondance.

Revenons actuellement à la question que nous n'avons pas eu le temps de résoudre : Comment apprendre l'orthographe dans le théâtre de Berquin ou ailleurs?

La réponse dépend du degré d'instruction de l'élève. Supposons, par impossible, mes chères lectrices, que vous soyez encore à l'A, B, C de l'orthographe, que vous sachiez lire et écrire, purement et simplement. Dans cette hypothèse, la copie est le seul moyen à employer. Copiez donc chaque jour quelques lignes, plus ou moins, suivant le temps que vous avez à donner à l'étude; copiez avec attention, sans omettre aucun signe. Puis, vérifiez et corrigez vous-mêmes les fautes que vous aurez pu faire; vous-mêmes, entendez-vous, car il faut exercer votre intelligence. La copie achevée, votre maître ou madame votre mère vous demanderont l'orthographe ou la composition, par lettres, de chacun des mots copiés, non dans l'ordre du livre, mais au hasard, et de manière, cependant, à n'en laisser aucun de côté. Telle est la marche à suivre pour le premier degré d'instruction.

Nous passons au second, c'est-à-dire, nous supposons que, par quelques mois d'exercice sur une vingtaine de pages, vous avez acquis en orthographe assez de connaissances pratiques pour écrire sous la dictée. Ici, mesdemoiselles, il faut que vous vous armiez de la patience, qui est une des vertus indispensables à votre sexe, car vous allez avoir à appliquer le précepte fondamental et favori du vieux rabâcheur, la répétition. L'orthographe usuelle est dans la connaissance parfaite d'un petit nombre de pages, dans ce sens que, non-seulement beaucoup de mots vus se retrouvent plus loin, mais encore que, pour les mots nouveaux, un travail involontaire de comparaisons et de rapprochements fait suivre à l'élève, sans qu'il s'en doute, les lois d'analogie sur lesquelles est fondée l'orthographe. Répétez donc au moyen de la dictée. Faites-vous dicter les mêmes pages que vous avez déjà copiées : prenez ensuite le livre, pour vérifier et corriger vous-mêmes; enfin, rendez compte des fautes que vous aurez corrigées, et dites encore l'orthographe de tous les mots.

Pour varier cet exercice, vous pouvez essayer d'écrire de mémoire, si, comme il est possible, la copie vous avait fait apprendre par cœur quelques pages ou quelques passages. Je ne vous fais pas une obligation de cet essai; mais je le recommande, comme un moyen plus sûr et plus prompt pour atteindre le but, à celles qui parmi vous sont pressées d'arriver et qui en même temps seraient désireuses d'être agréables à leur vieux professeur du journal. Je leur en fais à l'avance tous mes remerciements, en les notant pour le prix de docilité de fin d'année.

Les vingt premières pages ayant été copiées et écrites de mémoire ou sous la dictée, nous passons aux pages suivantes, sur lesquelles nous faisons les mêmes exercices. A présent, vous pouvez juger de vos progrès par votre facilité à écrire la copie et la dictée, par la diminution sensible des fautes à corriger. Il est donc temps d'appeler particulièrement votre attention sur les ressemblances et les différences des mots, et votre maître peut l'y diriger naturellement par des questions toutes simples. Avez-vous déjà vu ce mot? Où? Était-il écrit tout à fait de la même manière? Montrez. Quelles différences? Montrez.

Allons même plus loin : tâchons de trouver les pourquoi, ou, au moins, quelques pourquoi. Je vous assure, mes chères demoiselles, que, malgré votre ignorance en grammaire, vous avez assez d'esprit pour cela. Un peu de bonne volonté, s'il vous plaît; c'est moi-même qui vous interroge. Avez-vous déjà vu le mot *Non?* — Oüi, plusieurs fois. — Était-il écrit de la même manière? — Tout à fait; il ne varie pas. — Connaissez-vous le mot *Voix?* — J'en ai vu un à peu près semblable. — Où? — Dans la phrase suivante : *A ce que je vois.* — Quelle est la différence? — Ce dernier est terminé par un *s*, l'autre par un *x*. — Pourquoi cette différence? Qu'en pensez-vous? Les deux mots veulent-ils dire la même chose? Répondez, n'importe quoi, comme vous voudrez; tout sera bon, pourvu que vous me prouviez que vous avez un peu réfléchi, que vous avez fait attention. Voici la dernière question. Connaissez-vous le dernier de ces deux mots : *Mon enfant?* — Oui, je l'ai vu dans : *Restez ici, mes enfants.* — Quelle différence? — L'un a un *s* à la fin, l'autre n'en a pas. — Pourquoi? Cherchez bien.

Si le maître vous souffle que dans la première expression on parle d'un seul enfant, et dans la seconde de plusieurs, dites-lui que, comme il m'arrive souvent à moi-même, il a le tort d'être beaucoup trop vif. Véritablement, s'il eût attendu un peu, vous étiez capables d'en dire autant que lui, et vous auriez ainsi deviné une des principales règles de la grammaire, l'*s* final qui est le signe ordinaire de plusieurs, ou du pluriel.

Ceci nous conduit à parler enfin du recueil d'observations sur les faits de l'orthographe, recueil connu sous le nom de *Grammaire*, et nous nous en occuperons désormais. En attendant, tâchez d'en découvrir les règles générales ; ou, du moins, préparez-vous à les comprendre par des remarques répétées sur les ressemblances et les différences des mots.

Le vieux rabacheur.

UNE HISTOIRE DU TREIZIÈME SIÈCLE.

I.

La petite ville de Vernon est un des plus beaux fleurons de la couronne neustrienne. Située au milieu d'une vallée toujours verdoyante, les flots de la Seine se brisent en murmurant à ses pieds.

De nos jours, cette paisible cité est cachée derrière un double rideau de feuillages; mais, en l'an 1264, époque à laquelle remontent les faits que nous allons raconter, elle était ceinte d'une épaisse muraille, entourée de fossés profonds et dominée par le donjon d'un château royal.

Elle était florissante alors ; car, comme un ange tutélaire, un grand roi étendait sur elle une main protectrice. Saint Louis l'aimait, parce que tout près de là s'était célébré le mariage de Blanche de Castille, sa mère, et peut-être aussi parce que la dépouille mortelle de Marguerite de Bourgogne, sa petite-fille, y reposait dans le monastère des Cordeliers, qu'il avait fondé.

On était au milieu de l'été ; la journée avait été brûlante. Les travaux ayant cessé, chaque famille venait s'asseoir sur le devant de sa demeure ; mais les enfants, au lieu de jouer comme d'habitude, écoutaient leurs parents qui, le visage rayonnant de joie, s'entretenaient de la prochaine arrivée du roi Louis IX à Vernon.

Une seule maison, située devant l'église Notre-Dame, paraissait ne pas prendre part à la commune allégresse ; car sa façade demeurait déserte et silencieuse. Bientôt, cependant, une de ses fenêtres s'entr'ouvrit, et un homme s'en approcha en poussant devant lui un lourd pupitre de chêne sur lequel se trouvait un livre splendidement relié.

Cet homme avait nom Marcadet. C'était le plus riche libraire de la ville et le plus grand avare de la province.

Son regard fauve et vitreux parcourait avidement les pages du livre que supportait le pupitre ; il semblait vouloir profiter de ce qui restait de jour pour en examiner les moindres détails. C'était une sainte Bible à la reliure en planches de noyer, revêtues de placages en vermeil, délicieusement ciselés et sculptés. Le dedans répondait au dehors : les caractères, or et azur, offraient aux yeux la netteté de l'imprimerie ; toutes les lignes, tous les mots, toutes les lettres étaient parfaitement semblables pour les dimensions, les espaces et la forme. On y voyait d'admirables miniatures. C'était un chef-d'œuvre enfin ! et maître Marcadet, qui s'y connaissait, supputait déjà l'argent qu'il retirerait de ce beau travail.

Il fut arraché à sa contemplation par le bruit que fit une porte en s'ouvrant. Il tourna vivement la tête, et aperçut dans le fond de la pièce un personnage qui paraissait attendre qu'on lui donnât la permission de pénétrer plus avant.

C'était un petit homme âgé d'environ cinquante ans ; sa physionomie était triste et rêveuse ; mais son regard, quoique doux, n'était pas dépourvu d'énergie. A la simplicité de ses vêtements, à leur propreté surtout, on reconnaissait en lui un de ces courageux artisans qui, contents de leur position sur terre, ne demandent que deux choses en leur vie : aux hommes, le travail ; à Dieu, la santé ; c'était un pauvre et laborieux jardinier. Il tenait en location, derrière la maison du libraire, au fond des anciens fossés de la ville, un jardin dans lequel il cultivait des légumes et des fleurs dont le produit le faisait vivre.

—Que me voulez-vous, voisin ? grommela le libraire, en reconnaissant le nouveau venu.

— Vous entretenir d'une affaire qui nous intéresse tous deux, maître Marcadet.

— Je vous écoute, voisin Leblond, répondit maussadement le marchand de livres, en recouvrant sa sainte Bible d'un morceau de vieille étoffe ; je vous écoute... Expliquez-vous.

— Maître Marcadet, murmura le bonhomme d'une voix très-émue, voici bientôt dix-huit ans que nous nous connaissons... Ça date, comme vous savez, du décès de feu votre digne femme...

— Passez ! dit froidement le libraire.

— Pardon, excuse, maître Marcadet, continua Leblond avec plus d'assurance ; mais avant de vous parler du présent, j'ai besoin de vous rappeler le passé. Votre femme, bonne créature s'il en fut, mourut en donnant le jour à Colette. A cette époque, ma pauvre Jehanne allaitait encore mon fieux Gautier, qui était né depuis bientôt deux ans... Ma femme aimait beaucoup la vôtre, qui était bonne et compatissante : aussi, pour rendre ses derniers moments moins pénibles, elle lui jura de veiller sur Colette, d'être pour elle une seconde mère, de l'aimer comme son propre enfant... Pauvre Jehanne, continua-t-il avec une émotion profonde, elle est morte à la tâche... Tant que son enfant et le vôtre ont eu besoin d'elle, elle fut soutenue par une force surnaturelle...; mais dès que Colette put vous être rendue..., dès que Gautier fut en âge d'apprendre un état, ma pauvre femme dépérit, dépérit que c'était peine à voir...; et comme je ne pouvais travailler et la soigner à la fois, elle quitta notre pauvre demeure pour aller à la Maison-Dieu de Vernon, où elle mourut, en me recommandant de veiller sur Colette et sur Gautier...

Leblond s'arrêta, une douleur poignante était peinte sur son visage ; ses tempes palpitaient, sa respiration semblait arrêtée... Enfin des larmes s'échappèrent de ses yeux ; il parut soulagé.

— Où voulez-vous en venir, voisin ? demanda le libraire avec un geste d'ennui.

— D'abord, reprit Leblond, laissez-moi vous demander si ce que ma femme a fait pour votre enfant mérite récompense ?

— Récompense ! répéta Marcadet en se levant brusquement ; récompense !... auriez-vous besoin d'argent, voisin ?... vous tombez mal..., ma caisse est vide..., le commerce ne va pas..., je suis ruiné...

— Il ne s'agit pas d'argent, maître.

— Ah ! fit le libraire satisfait.

— Il s'agit de Gautier et de Colette... Ces deux enfants s'aiment..., et je voudrais les rendre heureux.

— Comment ?

— En les mariant !...

— Hein ? dit Marcadet, comme frappé par une commotion électrique..., les marier ?...

— Oui !

— Y pensez-vous, voisin ?... ma fille sera riche..., et Gautier n'a rien...

— Il a des bras, répondit fièrement le mari de Jeanne... C'est un bon ouvrier sabotier...

— Un bel état, ma foi ! répliqua le libraire avec dédain ; le beau sort à offrir à une femme..., l'été vivre dans les bois, l'hiver sur les marchés !... Et vous croyez que je consentirai à une telle union ?

— Mais Colette aime Gautier...; si vous refusez, elle en mourra...

— Allons donc ! est-ce qu'on meurt d'amour ?... J'aimais beaucoup mon épouse, moi... eh bien ! est-ce que je suis mort quand elle est morte ?... Vous êtes fou, voisin, continua-t-il d'une voix railleuse... Comparez donc un peu ma position à la vôtre... Je suis un des notables de Vernon...; vous, qui êtes-vous ?... un malheureux !... ne pouvant disposer d'un agnel pour le porter à l'une des corporations qui, demain, vont offrir leurs présents à notre grand monarque...

— Hélas ! c'est la triste vérité, maître...; et, s'il faut tout vous dire, c'est la première fois de ma vie que je regrette d'être pauvre...

— Ce n'est pas un déshonneur, voisin ; mais vous devez comprendre que si votre femme a donné, gratuitement, il est vrai, ses soins à ma fille, ce n'est pas une raison suffisante pour que je consente à la marier à votre fils.

— Oubliez donc ma demande, murmura Leblond en soupirant.

Et il sortit.

— Je défendrai à Colette de revoir Gautier, murmura Marcadet, en retournant à sa Bible ; mais il oublia ce soir-là de lui faire cette recommandation.

II.

Le pauvre Leblond, le désespoir dans l'âme, regagna lentement sa mai-sonnette, située dans un angle du fossé qu'il avait converti en jardin ; il y entra et se laissa tomber tristement sur un escabeau.

Gautier travaillait dans une forêt voisine de Vernon, ce qui lui permet-tait de revenir tous les soirs à la maison paternelle. Ce jour-là, en ren-trant, il fut frappé de l'abattement de son père ; mais il ne lui en demanda pas la cause, parce qu'il arrivait parfois à Leblond de tomber dans de longs accès de tristesse.

Le père et le fils s'approchèrent d'une table sur laquelle se trouvaient du pain et des fruits ; le jardinier ne mangea pas.

— Père, dit tout à coup Gautier, vous ne savez pas la nouvelle? Jehan, le fils du premier syndic, se marie...

— Avec qui ? demanda Leblond, sans se rendre compte de ce qu'il disait...

— Devinez, père...

— Dame, murmura Leblond, en paraissant chercher dans sa pensée, se-rait-ce avec Colette ?

— Colette ! s'écria le jeune homme en se levant vivement... Colette !... Puis, se rasseyant comme s'il eût été honteux de la surprise qu'il venait de laisser paraître, il répondit froidement : Non, ce n'est pas elle...

— Tant pis, dit Leblond : ils sont riches tous deux, beaux tous deux..., ils auraient fait une belle paire d'époux.

Gautier ne répondit pas ; mais il ne mangea plus. Son père fit semblant de ne pas le remarquer.

Le pauvre homme avait profité de l'occasion qui venait de se présenter, pour arracher du cœur de son fils les illusions qui commençaient à y naître. Gautier avait ignoré jusqu'à ce moment l'amour que Colette avait allumé dans son âme. Les paroles de son père venaient de lui découvrir cet amour ; mais en même temps elles lui avaient fait comprendre qu'il ne pouvait, à cet égard, nourrir aucune espérance.

Un instant après, Gautier entra dans la petite pièce qui lui servait de chambre à coucher. Les quatre murs étaient nus et délabrés ; mais il s'y trouvait des meubles ornés de sculptures naïves, qu'on eût été loin de soupçonner au sein de cette pauvre demeure. Ces meubles étaient l'ouvrage du jeune sabotier. Chaque soir il se délassait, en sculptant, des fatigues de la journée. C'était son plus grand bonheur, après celui qu'il éprouvait dans ses entretiens avec Colette. Personne, hors son père et celle qu'il aimait, ne lui connaissait ce talent.

Le pauvre jeune homme s'approcha d'un petit bahut de chêne sur les quatre faces duquel son ciseau avait créé des démons et des anges. Il souleva le couvercle de ce meuble et en tira un médaillon de noyer, représentant une tête de jeune fille : c'était le profil de Colette. Il le regarda quelques instants en silence ; puis il le replaça dans le bahut, duquel il sortit une charmante petite Vierge, également en bois de noyer.

Alors il quitta la maisonnette et se dirigea vers le fond du jardin.

Ce jardin n'était séparé de celui du libraire que par une haie vive, audessus de laquelle la tête de Colette apparut aux yeux de Gautier comme une angélique vision.

— Qu'as-tu donc, frère? s'écria la jeune fille ; tu parais triste et souffrant...

— Je ne souffre pas, Collette ; mais je suis bien triste !

— Pourquoi, Gautier?

— Parce que je vais quitter tout ce que j'aime !

— Que veux-tu dire? demanda Colette en pâlissant.

— Je pars demain, murmura tristement le jeune homme.

— Tu pars, dis-tu? Et pourquoi?... Quel motif peut te décider à quitter ton père... et ta sœur?...

— Ne m'appelle plus de ce nom, Colette!... Ne me demande pas pourquoi je pars !...

— Mais je ne pourrai vivre sans toi, s'écria la jeune fille épouvantée.

— Tu m'oublieras, répondit douloureusement Gautier... Ton père te mariera bientôt, sans doute..., et alors la tendresse d'un époux te fera oublier celui que tu nommais ton frère...

— Peux-tu parler ainsi, Gautier!... Que t'ai-je dit pour me faire tant souffrir ?

Des larmes abondantes s'échappèrent des yeux de la jeune fille.

— Oh ! pardonne-moi ! pardonne-moi, ange chéri de mon âme, s'écria Gautier, en prenant les mains de Colette... Je suis fou !... Il faut que je parte ; car je ne pourrais te voir la femme d'un autre ! car je t'aime, Colette !... je t'aime..., non comme un frère, mais...

— N'achève pas, interrompit vivement la pauvre Colette... N'achève pas !... Il se passe en moi quelque chose d'étrange... Me marier, dis-tu? mais il faut aimer un homme pour s'unir à lui, et qui donc aimerai-je autant que toi, Gautier ?

— Je ne puis être ton époux, Colette...; ton père est riche..., le mien est pauvre... un abîme nous sépare !

— Alors, je ne me marierai pas, Gautier.

— Et si ton père l'exige ?

— Je refuserai !

— Tu obéiras, dit le jeune homme ; car Dieu ne bénit pas l'enfant rebelle aux volontés de son père... Prends ce souvenir, Colette, ajouta-t-il en offrant la Vierge que jusque-là il avait tenue cachée...; je te l'aurais donnée la veille de ta fête..., reçois-la la veille de notre séparation.

La jeune fille prit le souvenir qui lui était offert ; puis, présentant à Gautier un ruban qu'elle retira de sa chevelure, elle lui dit :

— Puisque je ne puis te retenir, mon Gautier, pars donc !... et conserve ce ruban aussi longtemps que je conserverai ta jolie sainte Vierge Marie.

Les deux jeunes gens se pressèrent tristement la main , puis Gautier se dirigea vers la maison de son père. Au moment d'y entrer, il se retourna et fit un dernier signe d'adieu à Colette.

III.

Le lendemain, dès que le jour parut, Leblond, qui n'avait pas fermé l'œil de la nuit, se leva pour arracher les légumes et cueillir les fleurs qu'il devait porter au marché.

Il avait presque terminé cette besogne, lorsque, derrière un massif de lilas, il distingua une plante qu'il n'avait pas encore remarquée... Il entr'ouvrit vivement les branches du massif, et aperçut avec le plus grand étonnement un chou d'une grosseur extraordinaire.

Sa surprise fut si grande qu'il se mit à appeler Gautier de toutes ses forces.

Celui-ci, qui ne s'était point couché, accourut aussitôt.

— Regarde, lui dit Leblond en désignant le chou phénoménal.

— Qu'est-ce que cela ? demanda Gautier.

— Un chou !...

— Un chou ! mais c'est miraculeux !

— Tu as peut-être raison, fieux... Il y a dans ceci quelque chose de surnaturel... Oui ! oui ! c'est un miracle, ajouta-t-il en rêvant... Dieu a pris pitié de ma souffrance... En voyant combien j'étais malheureux de ne rien pouvoir offrir à notre bon monarque..., il m'a fait pousser ce chou superbe, qui est digne de lui être présenté.

— On pourra faire au roi de plus riches présents, père ; mais, à coup sûr, on ne lui en fera pas de plus rare.

— Et comment le lui porterons-nous, fieux ?... Il faudrait le mettre dans une belle caisse.

— Par malheur, nous n'en avons pas.

— J'ai notre affaire, dit tout à coup Leblond.

— Vraiment ?

— Oui, ton bahut... Il ira à merveille.

— Mon bahut !... Y pensez-vous, père ?

— Gautier, s'écria Leblond avec un accent de reproche, le trouverais-tu donc trop beau pour ton roi ?

— Vous ne me comprenez pas, père, répliqua vivement le jeune homme... Je crains qu'on ne se moque de moi, en voyant les images que j'y ai taillées...

— Bah ! reprit Leblond... Et d'ailleurs, continua-t-il en regardant le chou, ces cinq ou six larges feuilles qui traînent à terre le cacheront complétement.

— Puisque vous le voulez, père, je vais enlever son couvercle et je vous l'apporte.

Quelques instants après, l'énorme plante potagère se dressait dans le bahut, qui, comme l'avait dit Leblond, disparaissait entièrement sous les premières feuilles de sa tige. Vu ainsi, de quelque distance, le chou faisait l'effet d'un de ces arbustes en forme de parasol dont on embellit les jardins.

Cela fait, le père et le fils entourèrent de feuillage un vieux brancard sur lequel ils placèrent le bahut.

A ce moment, les cloches des trois églises de Vernon s'ébranlèrent et sonnèrent à toute volée.

C'était le roi qui faisait son entrée dans la ville, aux acclamations d'une population reconnaissante ; cent jeunes filles, vêtues de blanc, jetaient des fleurs devant ses pas.

Colette faisait partie de cette charmante troupe : elle était pâle et paraissait souffrir.

Louis IX entra à l'église Notre-Dame où il fit une prière ; puis il se rendit à la Maison-Dieu, et là, comme à ses précédents voyages, « *il servit aux povres de ses propres mains des viandes qu'il avoit fait appareiller par ses queux.* »

Après avoir visité et consolé les malades de ce lieu, il se dirigea vers le château.

Un trône s'élevait dans la cour d'honneur ; le roi s'y plaça, entouré de son escorte, des notables de Vernon, du clergé des trois églises, et des jeunes filles qui avaient jonché son chemin de fleurs.

Alors commença la longue procession des différentes corporations qui, toutes, venaient déposer un présent aux pieds du monarque.

Quand Leblond et son fils se présentèrent, la foule se rangea pour les laisser passer ; mais, comme le chou était recouvert d'un linge blanc, et que chacun connaissait leur misère, on se demandait ce qu'ils pouvaient offrir au roi d'aussi volumineux.

Arrivé au pied du trône, Leblond s'agenouilla, et dit au souverain :

— Sire, permettez à un pauvre jardinier et à son fils de vous prier d'accepter la seule chose qu'il leur soit possible de vous offrir.

Pendant qu'il disait ces paroles, Gautier avait enlevé le linge dont le chou était recouvert : un cri d'admiration se fit entendre.

— Le beau chou ! dit le roi, au comble de l'étonnement.

— C'est assurément le seul en son genre, reprit Leblond, heureux de la satisfaction de Louis IX. Dieu l'a fait pousser dans mon jardin, parce qu'il savait que, trop pauvre pour offrir autre chose, j'aurais été désespéré de ne pouvoir donner à Votre Majesté aucune marque de mon éternelle reconnaissance.

— Quelle obligation m'as-tu donc ? demanda le bon monarque attendri.

— Sire, vous avez fait rebâtir la Maison-Dieu de notre ville... C'est là que ma pauvre Jehanne, la mère de mon Gautier, est morte d'une maladie sans remèdes. Elle a été entourée de soins par les bonnes religieuses que vous y avez établies... La pauvre créature s'y est éteinte sans trop de souffrance... Voilà pourquoi ma reconnaissance est acquise à Votre Majesté.

Le roi était très-ému ; il dit à Leblond :

— Tu es un brave et digne sujet ; que pourrais-je faire pour toi ?

— Rien, Sire, répondit respectueusement le pauvre jardinier. J'ai, Dieu merci, des bras qui me font vivre... Quand je serai vieux, mon fieux, que voici, me soutiendra... Sinon... j'irai mourir où Jehanne est morte, et je quitterai ce monde en vous bénissant.

A ce moment, un des notables de la ville s'approcha de Louis IX, et lui dit :

— Sire, cet homme tient en location un jardin qu'il cultive, et qui lui rapporte à peine de quoi vivre... C'est un bon travailleur, un bon chrétien, il est digne de tout l'intérêt de Votre Majesté.

— Serais-tu heureux si le jardin que tu cultives t'appartenait ? demanda Louis IX au pauvre Leblond.

— Oui, Sire, bienheureux, répondit le brave homme ; mais je n'y ai jamais songé, parce que ce jardin vaut bien 50 livres, et qu'il faut beaucoup récolter de raves et de choux avant d'amasser une pareille somme.

— Ce jardin t'appartient, dit le roi... Je le payerai à celui de qui tu le tiens.

Le bonheur de Leblond fut si grand, si imprévu, qu'il ne put articuler un seul mot de remerciement.

La procession des corporations reprit sa marche un moment interrompue ; Leblond et Gautier se retirent un peu à l'écart. Le premier regardait tout, et ne voyait rien ; le second ne voyait qu'une seule chose : Colette, dont il n'était séparé que par quelques personnes.

Tout à coup un homme fendit la foule, tenant sous son bras quelque chose d'assez gros. C'était maître Marcadet, le libraire. Placé près du trône, parmi les notables, il avait été témoin de la générosité du roi pour Leblond, et aussitôt il s'était dit :

— Si Louis IX donne un jardin pour un chou, que me donnera-t-il donc, si je lui offre ma belle Bible !

Et, plein de cette idée, il avait quitté sa place et s'était rendu chez lui pour prendre le riche in-folio, qu'il revenait présenter au roi.

— Sire, dit-il en le lui présentant : Vous venez de recevoir un chou merveilleux..., je vous prie de vouloir bien accepter cette sainte Bible, qui n'a pas sa pareille sur terre.

Le roi prit le livre et l'ouvrit.

— C'est un beau travail, dit-il. Il doit valoir un grand prix ?

— Monseigneur l'archevêque de Rouen m'en a offert quinze cents livres, répondit le libraire.

— Quinze cents livres !

— Oui, Sire... mais je repoussai cette proposition, parce que je voulais offrir mon livre à Votre Majesté...

— Je ne puis recevoir un présent d'un si haut prix, dit le roi.

— Sire, répliqua le libraire en s'inclinant, recevez-le, je vous en supplie... Et, s'il plaît à Votre Majesté de me donner une marque de sa royale munificence, j'accepterai ce qu'elle voudra bien m'octroyer.

Ces dernières paroles venaient d'ouvrir au roi l'âme du libraire : il y lut son avarice et sa cupidité.

— Maître, lui dit-il, de l'or ne pourrait payer cette sainte Bible... C'est une merveille dont je veux te récompenser par une autre merveille. J'accepté donc ton présent, et te donne en échange ce beau chou qui n'a pas, lui non plus, son pareil sur terre.

Le visage de Marcadet devint d'une pâleur livide ; son cœur cessa de battre, son sang de circuler. Il faillit tomber à la renverse et, dans le mouvement qu'il fit pour se retenir, sa cuisse heurta le chou de Leblond.

A ce choc, une des larges feuilles qui recouvraient le bahut se cassa. Le roi aperçut les sculptures de Gautier.

— Qu'est-ce donc que cela ? demanda-t-il en se tournant vers Leblond.

— Sire, répondit le pauvre jardinier avec embarras, c'est un petit bahut que mon fieux Gautier s'était fait dans ses moments de loisir.

— Ton fils est donc tailleur d'images.

— Il est sabotier, Sire...; il a fait ce meuble sans trop savoir comment...

Le visage de Gautier était devenu pourpre.

— Mon garçon, lui dit Louis IX, après avoir examiné le bahut, la chapelle de la Maison-Dieu de Vernon n'est pas encore terminée... Je veux l'orner de sculptures... Veux-tu les entreprendre ?

— Sire, je quitte Vernon ce soir, dit le jeune homme.

Leblond le regarda avec étonnement.

— Tu resteras, et tu feras ce que je désire, répondit le monarque.

— Sire, ne me retenez pas, je vous prie... J'ai fait ce bahut..., mais je ne saurais faire autre chose.

— Ne le croyez pas, Sire, dit une petite voix émue derrière le roi.

Louis IX se retourna, et il aperçut une jeune fille toute tremblante, qui lui montrait une petite Vierge en noyer.

C'était Colette. La pauvre enfant, en entendant celui qu'elle aimait parler au roi de son départ, s'était avancée malgré elle, et, dans son trouble extrême, elle avait osé parler à son souverain.

— De qui donc est cette Vierge, mon enfant ? demanda le roi avec bonté.

— De Gautier, répondit Colette en baissant les yeux.

— C'est de Gautier ! et il me dit qu'il ne pourrait faire les sculptures de ma chapelle !...

Il se tourna vers le jeune homme.

— Pourquoi veux-tu quitter Vernon ? réponds ?

— Je ne puis le dire, Sire.

— Toi, c'est possible, s'écria Leblond ; mais moi, c'est différent... Sire, Gautier aime cette belle jeune fille, ajouta-t-il en désignant Colette ; et il veut quitter Vernon parce qu'il sait que maître Marcadet, son père, que voilà, ne consentirait pas à lui accorder sa main.

— Et toi, mon enfant, aimes-tu Gautier? demanda Louis IX à Colette.

La jeune fille ne répondit pas, mais elle leva sur le roi, puis sur Gautier, un regard qui disait plus que toutes les paroles du monde.

— Qu'elle soit donc ta femme, reprit le roi, en unissant les mains de Gautier et de Colette.

— Mais, Sire, dit Marcadet encore tout bouleversé de sa mésaventure, je ne puis donner de dot à cette enfant.

— Qui vous en demande? répondit Leblond; Gautier a du travail pour longtemps dans la chapelle que notre bon roi le charge de sculpter... Moi, j'ai un jardin qui m'appartient.... Nous aurons de quoi vivre honnêtement et heureusement.

— N'importe, dit le roi, il faut une dot à cette jeune fille. Et, se tournant vers Marcadet, il ajouta : — Je te reprends mon chou et te donne à la place les quinze cents livres que tu as refusées de ta Bible; mais à une condition, cependant, c'est que tu remettras la moitié de cette somme à ta fille en la mariant à mon protégé Gautier.

— Puisque vous le voulez, Sire, dit Marcadet en s'inclinant, je ne puis refuser.

Le lendemain, le mariage de Gautier et de Colette se célébra dans l'église des Cordeliers, qui était attenante au château. Louis IX assista à la cérémonie, et ne cessa, depuis ce jour, de donner à Leblond et à ses enfants des marques de l'intérêt qu'ils lui avaient inspiré.

Théodore Michel.

L'ENFANT ET LE PAPILLON.

FABLE.

—Le joli papillon!... ses ailes ont des yeux !
Si je le possédais, que je serais joyeux !
—Mon fils, respectez-le, sa liberté m'est chère.
—Oh! ne m'en privez pas, il est trop beau, ma mère!
Il se pose... il est là... je l'ai pris, quel bonheur !...
Ah! mon Dieu, qu'il est laid !... mes doigts ont sa couleur.
   —De votre peu d'expérience,
Enfant, j'avais prévu les funestes effets;
Je savais que l'insecte, en perdant l'existence,
   Perdrait aussi ses doux reflets.

Que sa mort vous apprenne à respecter l'ouvrage
D'un Créateur puissant et sage
Dont nul ne doit jamais pénétrer les secrets,
Et retenez bien cet adage :
On effeuille la rose à la sentir de près.

J. POISLE-DESGRANGES.

LES SOUS DU DIABLE.

CONTE.

I.

Il existe à Tonnerre, petite ville de la Bourgogne, une source nommée la *Fausse-Yonne*, située dans le quartier vieux de la ville; elle coule au pied d'une montagne effondrée, qui la domine à une hauteur de soixante mètres. Prise comme dans un fer à cheval, elle débouche sur une rue étroite qu'habitent les tonneliers de la localité. Quelques maisons, incrustées comme des nids d'hirondelles au flanc circulaire du mont, donnent à ce point de la ville une physionomie agreste et des plus originales.

Le pourtour du bassin de la *Fausse-Yonne* est habituellement fréquenté par les pauvres femmes de l'endroit, qui viennent y laver le linge de leur famille.

Mais ce qui frappe les regards, mais ce qui confond l'esprit, c'est la couleur étrange de ses eaux, c'est leur profondeur. L'onde de la *Fausse-Yonne* est radicalement bleue, d'un bleu sombre, d'un bleu vulgairement connu sous le nom de *bleu de roi*. Hiver comme été, elle est toujours la même; rien ne la trouble, rien ne la change, rien ne l'altère. On y jette vainement la sonde; la sonde plonge et descend toujours, toujours sans jamais atteindre le fond, sans y rencontrer un obstacle, un point d'appui. C'est comme une voix lancée dans l'éternité ; où va-t-elle s'éteindre? Dieu seul le sait. Où va tomber la pierre que le passant curieux pousse du pied dans la *Fausse-Yonne?* c'est encore le secret du diable.

Toutefois, voici ce que l'on raconte sur la couleur fantastique de ses eaux et sur sa profondeur mystérieuse.

II.

Le 13 juillet, l'an sept-centième de l'ère chrétienne, un cavalier noir, portant à son casque un panache rouge comme le foyer d'une forge, entrait, monté sur une cavale blanche, dans la petite ville de Tonnerre. Il descendait au grand galop la gorge de la côte qui verse dans la ville, le soleil brillait, les oiseaux chantaient. Les naseaux de l'animal flambaient comme une fournaise, ses prunelles luisaient comme des charbons ardents, et ses flancs, plus agités que la vague des mers, fondaient en eau, déchirés par les larges éperons en or du magnifique cavalier.

Au galopement impétueux du gentilhomme, un petit garçon, nommé Pierre, s'était élancé curieusement sur le bord de la route; il promenait ses grands yeux tout ébahis sur le beau cavalier, quand celui-ci lui cria :

— Enfant ! notre jument a soif, indique-nous la source la plus voisine?

— Là-bas, sur la gauche, il en est une, répondit aussitôt l'enfant, indiquant la *Fausse-Yonne* du doigt et du geste.

Le cavalier piqua sa cavale blanche et se dirigea vers la source; à peine avait-il fait quelques pas que l'énorme valise qu'il portait en croupe se creva. Pierre, qui suivait le cavalier des yeux, vit tomber, rouler et s'éparpiller sur la route une quantité de jolis sous luisants et neufs. Pierre courut les ramasser, observant bien si personne ne le voyait emplir ses poches des sous que ce beau seigneur perdait.

Personne ne le vit. L'enfant rentra chez lui riche comme un Crésus, inquiet et dissimulé comme un avare.

La peur du châtiment est toute la conscience des enfants; une fois certains qu'ils n'auront pas les oreilles tirées, ils s'endorment dessus avec la sérénité du juste. Par cette raison peu concluante que le village ignorait son larcin, Pierre crut ce bien ainsi acquis, bien acquis. Le petit drôle connaissait déjà ce proverbe quelque peu paradoxal : *Péché caché est à moitié pardonné*. Il le corrigea même par : TOUT A FAIT pardonné. Quant au vigneron Evrat, nul doute que s'il eût su l'action peu délicate de monsieur son fils, suivant l'usage en vigueur dans le pays, une rude poignée de boulin emmanchée au bout du bras paternel, pouvoir exécutif dans les familles, aurait daubé d'importance sur le derrière passablement compromis de notre jeune larron.

Pierre échappa donc à la correction paternelle; mais, le diable s'en mêlant, le malheureux fut bien autrement châtié.

III.

Le lendemain, il devait y avoir grande fête à Tonnerre; Pierre se promit bien de tirer bon parti de sa fortune et de s'en donner à cœur joie. Le jour vint; voilà notre gamin parti. La première rencontre qu'il fit fut celle d'un oiseleur qui revenait des champs, un nid de fauvettes entre les mains. Ce nid le tenta.

— Oiseleur, combien ce nid? dit l'enfant à cet homme, avec l'aplomb presque suffisant d'un gros capitaliste.

L'oiseleur dit son prix. L'enfant s'empara du nid et paya sans marchander; la jeunesse est prodigue. A peine ces pauvres oiselets avaient-ils du duvet. Cependant, comme Pierre longeait la haie du chemin, une fauvette vint battre des ailes autour de lui, caquetant avec colère. C'était la mère malheureuse de la couvée orpheline que Pierre emportait tout triomphant. Aux cris de la fauvette, voilà toute la nitée, jusqu'au culot, qui prend sa volée par les airs à la suite de leur mère qui les guide en chantant, laissant ainsi l'acheteur confondu.

Les enfants ne réfléchissent pas sur leurs impressions; leurs impressions, quoique fortes, sont courtes cependant. Ces oiseaux qui s'envolaient sans plumes ne lui parurent pas un motif suffisant pour attirer son attention. Il n'y avait là, selon lui, qu'une chose indifférente et peu miraculeuse. Il avait donc oublié les jolis oiseaux, lorsqu'il vit passer le jardinier de l'enclos voisin. Cet homme allait vendre ses fleurs aux dames du château.

— Combien ces fleurs, bonhomme? lui cria l'enfant, et de suite il en fit emplette. Ce gros bouquet va bellement contenter notre mère, pensait-il.

Cette pensée était d'un gentil garçon; cependant, comme il passait sur la route, à la même place où il avait ramassé ses sous, voilà que pivoines, roses, pervenches, œillets, lis, etc., s'effeuillent tout à coup et tombent fanés à ses pieds, roulant à tout vent, comme des feuilles sèches.

— Cet homme nous a attrappé, murmura l'enfant, jetant loin de lui les tiges brûlées entre ses mains. Comment comprendre, en effet, qu'il en pût être autrement? Assurément, s'il y avait là un fripon, ce ne pouvait être M. Pierre!

En ce moment un aveugle allait, conduit par un caniche vieux et grave; l'homme chantait d'une voix lamentable un noël du temps; le chien implorait du regard la pitié des passants.

M. Pierre jugea que c'était le moment d'user de sa fortune avec magnificence, en bon riche. Il étendit donc la main pour déposer quelques sous dans la sébile que le chien tenait entre ses dents.

L'animal détourna la tête, et l'aveugle s'écria :

—Enfant, le Ciel ne nous permet pas d'accepter ton aumône.

—Ce pauvre est bien fier, murmura notre jeune Crésus; et comme il continuait sa route, quelques sous tombèrent de sa poche à terre, sans qu'il s'en aperçût.

—Enfant ! lui cria l'aveugle, tu perds ton argent. A cet avertissement du pauvre homme, Pierre ramassa ses sous en silence, un peu troublé ; son action de la veille lui traversa l'esprit, c'était un avant-propos du remords.

Le pauvre continua son chemin. Pierre courut assembler quelques camarades, résolu de leur faire partager sa bonne fortune. Les voilà rassemblés, ils partent ; il les conduit dans la boutique d'un pâtissier pour les bien régaler. Ils y entrent ; les voilà à même les gâteaux, mangeant d'un appétit vorace, en vrais gloutons et comme gens peu habitués à se trouver à pareille fête. La friandise aiguisant la gourmandise, Dieu sait les biscuits, les croquets et les tartes qui y passèrent! La bande vorace une fois rassasiée, M. Pierre acquitta la carte généreusement; puis l'on s'éparpilla, le museau tout sucré et barbouillé de raisiné, dans les herbes de la prairie voisine.

Mais pourquoi ces contorsions, ces grimaces, ces cris? Les malheureux sont pris d'affreuses coliques, ils ont les entrailles en feu ; c'est comme un tison de l'enfer qui les dévore. Pierre les regarde d'un œil étonné ; lui seul ne ressent rien du malaise général ; heureux celui dont les bretelles ne sont pas fixées irrévocablement à la ceinture de la culotte! heureux le dextre à s'en débarrasser! Mais, hélas ! plus d'un fut victime de la précaution maternelle touchant la solidité des hardes; plus d'un le fut aussi de sa maladresse. Ce malheur, peu sanitaire, fut l'auteur que l'amphitryon Pierre se mit à rire, à rire, mais à rire tellement bien et tellement fort, que les jeunes camarades, qui commençaient à se mieux porter, se regardèrent avec colère; soupçonnant quelque mauvais tour de la part de leur petit voisin. Le rire est de nature communicative. Voyant rire ainsi leur ami Pierre, les voilà tous pris soudainement dans un long rire, se roulant, se tordant, comme si une main invisible les eût chatouillés; riant aux larmes, les yeux injectés de sang : c'était comme un rire de l'enfer. Chacun s'en alla de son côté, on eût dit une troupe de démoniaques.

Cependant le rire cessa en entrant sur la place de l'église. Des jeunes gens jouaient à *croix ou pile*; ils jouaient de l'argent, le pire des enjeux. Pierre, faisant sonner ses sous, se proposa pour être de la partie. On l'admit au cercle de cette académie des rues. Ce fut prodigieux avec quel bonheur Pierre gagna! avec quelle rapidité il emplit ses poches! Ce bonheur obstiné commença à devenir suspect à quelques joueurs, peu satisfaits de voir leur monnaie infidèle passer avec tant de légèreté entre les mains du petit joueur. Voilà tout à coup qu'un grand bêtal ose nasiller, traînant la voix et tirant de l'œil :

— Le gars nous a volés.

— Bah! répondirent les malins, c'est le hasard qui l'a protégé.

On sait que le hasard est le patron des joueurs. Mais le grand benêt aux cheveux plats et roux, et dont les bras pendaient collés le long du corps comme des manches de chemise au bout desquelles on aurait mis du plomb, se jeta sur l'enfant avec la rapidité d'une bête sauvage, lui arracha un sou des mains, et fit voir à ses camarades stupéfaits que le sou de M. Pierre était pile des deux côtés ; comme l'enfant jouait toujours sur la pile, toujours il gagnait.

Ce fut alors une véritable tempête de vociférations.

— Rends-nous notre argent, coquin!

— Tu seras pendu, scélérat!

— A la maréchaussée! à la maréchaussée le petit larron! hurlait la foule ameutée, les intéressés par dépit, les non intéressés pour donner dans le pays une bonne opinion de leur probité. On ne saurait douter de la probité de quiconque crie : au voleur! Pierre avait donc à ses trousses l'hypocrisie et l'intérêt. Cependant il en fut quitte pour quelques mottes de terre au milieu des reins, suivies de plusieurs coups de gaule à travers les jambes. Pierre fit le tour de la ville, l'âme en proie aux plus vives terreurs. Quand il fut seul, il se prit à trembler de tous ses membres, ses dents claquaient. Il commençait à réfléchir sur les événements de la journée, sans toutefois s'en expliquer la cause.

Il était près de six heures, lorsqu'une faim terrible, une sorte de faimvalle s'empara de son estomac : la soif lui dévora la gorge, le sommeil lui sema du gravier plein les yeux.

Il entra chez un boulanger. Quand il voulut mordre dans le morceau de pain qu'il venait d'acheter, il lui sembla qu'il mordait à même dans un morceau de craie. Il rejeta le pain avec dégoût.

Apercevant une ferme, il y entra pour y boire un peu de lait; à peine l'eut-il porté à ses lèvres, qu'il se prit à vomir. Il lui sembla qu'il buvait du vert-de-gris. Un gros soupir souleva sa poitrine.

Quand il voulut s'étendre à terre pour y goûter un peu de sommeil, il ne put fermer la paupière ; il lui sembla qu'il était couché parmi des sous entassés sur champ ; il se leva avec tristesse.

Comme il longeait le buisson où, le matin, il avait rencontré l'oiseleur, il entendit des petites fauvettes qui chantaient :

— Petit voleur ! petit voleur ! Fuyez vite ! vite ! vite !

Pierre courba la tête et passa rapidement.

Comme il regagnait la route où les fleurs du vieux jardinier s'étaient effeuillées, tous leurs pétales s'étaient groupés sur la place où le cavalier noir avait laissé tomber ses sous, et formaient de leurs couleurs vivifiées par le souffle du soir, ce mot terrible :

— Voleur !

Pierre se cacha le visage de ses deux mains.

Il rencontra l'aveugle et son chien : à son aspect l'animal quitta la sébile et se mit à hurler.

— Mon enfant, lui dit l'aveugle, il y a quelqu'un quelque part qui n'est pas content de toi.

Pierre comprit le châtiment dans cet amas de choses surnaturelles, et sentit qu'une main mystérieuse le frappait. Il se prit à pleurer.

En ce moment deux archers, qui entraient au grand galop dans la ville de Tonnerre, le glacèrent d'épouvante.

— On sait tout, pensa l'enfant. Le monde lui parut trop petit pour le cacher aux regards des soldats. Il voulut mourir, c'est alors qu'il se dirigea vers la *Fausse-Yonne* pour s'y noyer.

IV.

La pensée de la destruction est moins rare qu'on ne suppose chez les enfants. J'en ai vu se tuer de jalousie ; j'en ai vu mourir de langueur, par excès de sensibilité, et je puis affirmer que rien n'est plus triste au monde.

La mélancolie, aussi bien que la rudesse, n'ont souvent pas d'autres origines.

Combien de parents brutaux refoulent l'expansion toujours prête à s'épanouir dans le cœur de leurs enfants ! Qu'en arrive-t-il ? C'est que l'enfant, une fois homme, répand à des foyers étrangers la sève vivace et féconde qui n'a pu trouver son jour au toit de la famille. Toutes les tyrannies sont stériles, quand elles n'engendrent pas la haine.

L'autorité raide et sans tendresse n'est que l'école des esclaves et des révoltés. L'urbanité est la première des puissances. Semons-la dans le cœur de l'enfant, il s'en souviendra à l'âge de la maturité. En général, nous ne sommes pas assez attentifs aux douleurs morales de ces petits êtres; nous n'avons de soucis que pour leurs peines physiques. Je voudrais que le contraire existât.

Les enfants comprennent vite; une fois qu'ils s'aperçoivent que l'on est meilleur autre part que chez eux, leur raison tend vers ce point et s'éloigne d'autant plus du berceau natal.

Si Evrat, le vigneron, eût été un père selon nous, nul doute que le petit coupable, au lieu de s'aller jeter dans la *Fausse-Yonne*, se serait jeté dans les bras paternels. Il n'y songea pas, par la raison que le vigneron Evrat était inexorable et sec comme la justice humaine.

La porte murée au repentir fraye un chemin au désespoir.

Au moment où Pierre arrivait à la source, deux personnages l'avaient devancé : l'un visible et l'autre invisible. Le personnage invisible était le cavalier de la veille; il était là, embusqué avec sa cavale blanche. Qu'attendait-il? une victime : le malheureux Pierre.

Le second personnage était un grand vieillard, en barbe blanche et vêtu d'une robe de laine blanche. Il était occupé à laver ses pieds poudreux dans l'eau claire de la fontaine; un long bâton d'apôtre était couché près de lui sur un manteau déposé à terre.

Pierre arrivait fondant en larmes. Il jeta dans la *Fausse-Yonne* les sous qui lui restaient. Quel fut son étonnement et sa frayeur! Les effigies de ces sous diaboliques se mirent à regarder l'enfant, en roulant sur lui des yeux énormes; puis ces regards fascinateurs l'attiraient, l'attiraient. Il s'élançait dans les ondes de la source, quand le vieillard l'arrêta, lui disant :

— Où courez-vous, mon enfant? le vieillard regardait l'enfant avec bonté. Le pauvre petit se sentit sauvé. Il raconta tout.

Ce vieillard était un de ceux qui pensent qu'il n'y a point de petites peines quand le cœur est déchiré. Ce bon vieillard lui tendit les bras avec tendresse.

Pierre s'y précipita soudainement, presque joyeusement; il avait retrouvé un père miséricordieux.

Le cavalier noir frappa la terre du pied avec impatience.

— Dieu vous pardonne, mon enfant; il a vu votre repentir.

— Hélas ! se prit à dire le malheureux Pierre, éclatant en sanglots, ces méchants sous m'accusent toujours. Comme ils me regardent! J'ai peur, mon père !

Ce que voyant, le saint évêque Pellade, car c'était lui, le saint homme courut à son manteau, et, comme un bon père, qui cache à tous les défauts de ses enfants, il le jeta dans la source, sur les sous accusateurs; alors la source prit tout à coup la couleur bleue sombre du manteau, qu'elle n'a cessé de conserver depuis.

L'enfant tomba à genoux.

En ce moment l'horloge de l'église qui domine la côte compta six heures. L'*Angelus* sonna. L'évêque fit un signe de croix. A ce son de la cloche, à ce signe de croix du vieillard, le cavalier de la veille s'élança de son embuscade, hurla d'affreux blasphèmes, plongea dans la source avec sa cavale blanche et disparut. La source bouillonna longtemps sur l'homme et la cavale. Quand les flots furent calmés, la *Fausse-Yonne* n'avait plus de sable. Le fond de son bassin venait d'être emporté à tout jamais dans les abîmes de l'enfer.

Depuis, on y jette vainement la sonde.

— Mon enfant, dit alors le saint évêque au petit Pierre effrayé, les sous que vous avez ramassés hier, sur la grande route, étaient maudits : ces sous étaient *les sous du diable !* Gardez-en le souvenir, et rappelez-vous que dans toutes les occasions de la vie :

« *Bien mal acquis ne profite jamais.* »
Et que *péché caché, n'est jamais pardonné.*

Savinien Lapointe.

Passy, mai 1852.

HISTOIRE NATURELLE.

—

LE PETIT BUFFON HISTORIQUE ET AMUSANT.

(Suite.)

HISTOIRE NATURELLE. — BOTANIQUE.

Suite des faits et souvenirs historiques auxquels se rattache la rose.

La cérémonie des roses. — Il existait autrefois dans Paris une foule d'usages qui se sont perdus, et dont il ne reste qu'un faible souvenir.

Au nombre des fêtes annuelles qui se célébraient avec pompe, on remarquait celle de la cérémonie des roses.

Le roi devait, ainsi que les princes et les pairs du royaume, payer au Parlement un droit de roses. On choisissait, pour cette solennité, un jour d'audience. Toutes les salles étaient jonchées de fleurs et de plantes odoriférantes.

Le roi faisait porter devant lui, sur un bassin d'argent, autant de roses qu'il y avait d'officiers et d'assistants, et distribuait ensuite des couronnes de fleurs artificielles, rehaussées de ses armes.

Le Parlement avait son faiseur de roses, appelé le rosier de la cour, et les princes et les pairs devaient lui acheter celles qu'ils étaient obligés d'offrir.

Anne d'Autriche et les roses. — Anne d'Autriche, fille aînée de Philippe II, roi d'Espagne, épousa Louis XIII le 25 décembre 1615.

A la mort de ce prince, elle fut déclarée régente, et les premières années de son gouvernement furent célébrées par les poëtes, comme l'âge d'or de la France.

Elle éprouva dans la suite bien des vicissitudes, et les guerres civiles lui causèrent de graves embarras.

Elle eut un soin tout particulier de l'éducation de son fils, et si elle ne réussit pas à lui donner la douceur de caractère et l'aménité qu'elle possédait plus qu'aucune autre femme, elle lui donna du moins cette fleur d'urbanité qui rendit Louis XIV le plus aimable des monarques.

Anne d'Autriche passa ses dernières années dans le calme de la vertu.

Elle supporta avec une résignation admirable les douleurs aiguës d'un cancer qui la conduisit au tombeau.

On ne peut omettre cette observation, citée tant de fois par les naturalistes, que cette princesse, qui aimait passionnément les fleurs, ne pouvait supporter la vue des *roses*.

Antipathie singulière chez une femme d'une délicatesse si grande qu'on avait de la peine à lui trouver de la batiste assez fine pour son linge de corps. Le cardinal Mazarin lui répétait souvent en plaisantant : « Madame, si vous étiez damnée, votre enfer serait de coucher dans des draps de toile de Hollande. » Anne d'Autriche mourut le 20 janvier 1666.

Nous avons terminé notre couronne de faits historiques sur la reine des fleurs. Bien des anecdotes se retracent encore à notre mémoire : n'est-ce pas une couronne de roses qui devint l'origine du chapelet ou rosaire que l'on récite en l'honneur de la Vierge? Mais le champ de nos études est trop vaste pour que nous nous arrêtions longtemps sur les fleurs de notre prédilection.

Puissent nos jeunes lecteurs avoir retrouvé parmi les roses quelques souvenirs utiles et agréables!

Le pommier.

Après avoir respiré dans les jardins de Flore le doux parfum de la rose
et des fleurs, entrons maintenant dans les vergers de Pomone, pour cueillir
et contempler les fruits délicieux qui sont, avec les fleurs, la parure est le
plus bel ornement de la terre.

Les fruits joignent l'utile à l'agréable. La simplicité s'y mêle à la richesse, et tout en eux laisse deviner la main qui les a primitivement fait
naître.

Combien de pauvres voyageurs ont retrouvé dans leurs sucs nourriciers
les forces dont ils manquaient pour arriver au terme de leur voyage !

Au milieu d'un désert immense de l'Amérique, Dieu n'a-t-il pas placé
le Ranevala (arbre du voyageur), qui fournit tout à la fois un fruit délicieux et une boisson rafraîchissante ?

Nous nous occuperons donc maintenant des fruits, et nous prendrons
pour premier article l'un des attributs de Pomone.

On représente cette déesse sous la forme d'une belle et jeune femme,
assise sur un panier de fruits, ayant des pommes sur ses genoux, et des
branches chargées de fruits autour d'elle.

Pour imiter cet habile jardinier qui, par une opération qu'on appelle
greffe, fait produire à un arbre des fruits de différentes espèces, ou diverses
sortes de fleurs, nous continuerons à joindre à notre travail botanique des
faits d'histoire, de mythologie, et quelques anecdotes récréatives que nous
nous efforcerons de rendre, pour nos jeunes lecteurs, aussi amusantes
qu'utiles.

Le pommier appartient à la famille des *pomacées* : il est originaire des
forêts de l'Europe ; et même, selon quelques botanistes, de l'ancienne
Neustrie, qui changea, comme vous vous le rappelez sans doute, son nom
primitif de Neustrie contre celui de Normandie, lorsque les terribles habitants du Nord vinrent s'y établir à la fin du neuvième siècle. Le pommier
s'élève à une hauteur de vingt-cinq ou trente pieds. Il porte des feuilles
ovales et des fleurs blanches, qui prennent en dehors une teinte rosée.

Les pommes sont des fruits sains et savoureux ; écrasées, elles donnent,
par la fermentation du jus, une liqueur spiritueuse, connue sous le nom de
cidre.

L'honneur de la découverte de cette boisson appartient aux Egyptiens.
Elle remplace la vigne dans plusieurs provinces de France, notamment en

Normandie et en Bretagne. Dans cette dernière province, la récolte des pommes décide des principales entreprises de ses habitants. C'est ainsi qu'on ne s'occupe de mariage qu'à l'approche des fêtes de Noël, pourvu toutefois que la récolte des pommes ait été abondante; car, si le cidre manque, tout est ajourné.à l'année suivante. Avant de s'engager, les grands parents se visitent réciproquement pour examiner leur avoir. Cette entrevue se nomme *ar weladen* (la revue). Quelques écus, ou quelques pièces de cidre de moins, suffisent souvent pour rompre l'union la mieux assortie.

Quand les chefs des deux familles ont discuté toutes les conditions, ils se frappent dans la main, et il ne reste plus qu'à fixer le jour des fiançailles. C'est alors que les celliers se dégarnissent, et le nombre plus ou moins grand de barriques indique la richesse des époux. On se rend ensuite chez les plus proches parents, ou chez les personnes les plus considérées, pour leur offrir les fonctions honorifiques qu'il y aura à remplir pendant la fête.

L'un apprend avec orgueil qu'il a été choisi pour être le cuisinier ; celui-là, pour remplir la charge de bouffon, qui doit constamment égayer la noce ; mais le grand-maître des cérémonies, celui qui a l'emploi le plus élevé, est l'échanson. Plus il fait boire de cidre, plus il reçoit de compliments.

Le paysan bas-breton nourrit une haine héréditaire pour les Normands, qui, par une activité soutenue, se sont emparés du commerce de la Bretagne.

(*La suite au prochain numéro.*)

Mme FERDINAND MARIE.

MODES.

On nous avait promis de grandes réjouissances pour le mois dernier; mais toutes les fêtes qui se sont données ont surpassé de beaucoup notre attente. Ce n'était que dîners, bals, concerts. Enfin, il semble qu'on ait vécu une année entière pendant ce seul mois.

Laissez-moi vous parler de la magnifique revue du 10 mai : peut-être y avez-vous assisté, mais qu'importe? vous serez bien aise, j'en ai la confiance, d'en entendre redire encore quelques mots.

Rien de si beau ne nous avait charmé depuis bien longtemps, et cette fête laissera dans tous les esprits une idée de ce que peut la France quand elle veut donner des fêtes.

L'aspect du Champ-de-Mars avait complétement changé. Les tribunes élevées pour contenir les différents corps de la nation étaient décorées avec soin. La chaleur était accablante, et dans tout autre cas le Champ-de-Mars eût été complétement désert ; j'avoue même que j'ai craint un instant que toutes ces belles tribunes, préparées pour recevoir nos élégantes, ne restassent vides. Mais je fus bientôt rassurée, car midi avait à peine sonné, que non-seulement il ne restait plus une seule place, mais encore il y avait bien des personnes qui n'avaient pu trouver le plus petit coin.

Je n'entreprendrai point de vous raconter tous les détails de la revue ; ce dont je veux vous parler, c'est des toilettes que j'ai vues ce jour-là.

Les femmes avaient voulu, aussi, prêter leur concours à cette grande solennité, et pour cela elles s'étaient habillées avec toute la recherche dont elles sont capables. Ce n'était que fleurs, dentelles, bijoux, soieries de toute espèce : en un mot, c'était l'assemblage le plus brillant qu'on puisse imaginer.

Mlle D... portait une charmante toilette, c'était une robe de soie bleu-Louise, à cinq volants. Le bord de chaque volant était garni d'un large ruban écossais. Le corsage ouvert et à basques était orné d'un ruban froncé, ainsi que les manches qui étaient très-larges et coupées sur le milieu ; un mantelet-écharpe, d'étoffe pareille à la robe et garni d'un large ruban, ainsi qu'une capote de crêpe bleu arrangée dessus avec le même ruban écossais, et ayant dessous de grosses touffes de fleurs des champs, complétaient à merveille, je vous assure, cette mise d'un bon goût remarquable.

Il y avait beaucoup de robes de barége, couvertes de volants et démesurément ouvertes, et une personne très-versée dans la mode m'assurait l'autre jour que si cela continuait ainsi, on aurait à la fin de l'été tout à fait supprimé le corsage.

J'ai vu aussi un grand nombre de robes de foulard très-clair. Une bleu-ciel, entre autres, qui était garnie devant avec des nœuds de ruban ayant pour traverse un léger agrément de jais blanc. La dame qui portait cette robe avait une capote de crêpe bleu, et de larges bandes de jais simulaient les coulisses ; c'était fort joli, mais il me semble que cela doit rendre le chapeau très-lourd.

J'ai aussi remarqué une jeune personne qui avait une robe de mousseline blanche à cinq volants festonnés. La tête de chaque volant était faite d'un bouillonné de mousseline dans lequel on avait passé un ruban de taffetas rose. Le mantelet, de même mousseline et garni de volants, était orné exactement comme la jupe. Cette jeune fille portait une capote de crêpe blanc ayant de grosses coulisses roses. Cette toilette blanche et rose était d'une fraîcheur éclatante.

On porte beaucoup de chapeaux de paille à jour; on les garnit avec du ruban mêlé de torsades et de glands de paille.

Les formes de chapeaux se font toujours très-évasées, et les fonds dans le cou, et tout à fait plats.

Jusqu'à présent, pour les grandes toilettes, les chapeaux de dentelle, garnis dessus et dessous avec des fleurs, ont la vogue.

On habille les petites filles avec des jupes de soie, de mousseline ou de jaconas, et des corsages blancs à basques. On leur met par-dessus une grande pèlerine pareille à la jupe et formant une espèce de petit talma. Cette pèlerine est très-commode pour les enfants, parce qu'elle leur laisse les mouvements libres.

J'oubliais de vous dire que la plupart des jupes d'enfants se font à volants, surtout dans les étoffes légères.

Les bottines en peau anglaise et à boutons se portent beaucoup cet été; c'est, du reste, une fort jolie chaussure.

Beaucoup de personnes attendaient le beau bal du 11 mai avant de partir pour la campagne. Aussi, dès le lendemain, la foule des voyageurs encombrait déjà les chemins de fer.

On comprend d'ailleurs qu'il est impossible aux gens du monde, et j'entends par gens du monde ceux qui sont de toutes les fêtes, de passer le commencement de l'été à Paris. On se soutient tout l'hiver; mais quand arrivent les premiers jours du printemps, le corps et l'esprit, aussi abattus l'un que l'autre par les fatigues et les longues veilles, ont besoin d'aller chercher le repos; et, pour le trouver, il faut chercher la solitude.

ROSA DU SABLEN.

LOGOGRIPHE.

Entre mes huit pieds je renferme
Un plat que bien souvent on sert au déjeuner.
C'est aussi dans mon sein qu'on peut trouver le germe
De vingt mets délicats qu'on recherche au dîner :

Cailles, faisans, grives, perdreaux, bécasses,
Huîtres, poulets, moules ou canetons,
J'ai de quoi contenter les goûts les plus voraces,
Les appétits les plus gloutons. —
Dans la campagne, un jour de fête,
De jeunes gars remarquez cet essaim :
Attention ! L'un d'eux apprête
La boule qu'il tient à la main.
Gare devant !... Surtout qu'un chien se garde
De traverser le jeu, car le pauvre animal
Serait fort mal reçu. — Qui retient ce cheval ? —
Qui fixe au mur l'affiche qu'on placarde ? —
Contre un insecte ailé qui garantit vos yeux ? —
Qui chante quand paraît l'aurore ? —
Qui fait ?... Mais à quoi bon encore
Questionner ? Lecteur, devine si tu peux.

CHARADE.

On l'a dit bien souvent : lorsqu'il est véritable,
Mon premier est un don que nous tenons des Cieux.
Mon second, doux effet d'une âme charitable,
Dans mon deuxième vers, lecteur, s'offre à tes yeux ;
Et du plus pur froment mon tout qui se compose
Est blanc comme du lait, jamais ni bleu ni rose.

Le mot du dernier Logogriphe est TROPIQUE, dans lequel on trouve : portique, prote, pique, trope.

Le mot de la Charade est CHARPIE.

Typographie HENNUYER, Batignolles.

BIBLIOTHÈQUE
DES FAMILLES

JOURNAL D'ÉDUCATION MORALE ET RELIGIEUSE

spécialement destiné à la jeunesse

Paraissant le 1er de chaque mois, à partir du 1er février,

PAR LIVRAISONS DE DEUX FEUILLES D'IMPRESSION,

accompagnées de

Musique, Tapisserie, Dessins de Broderie, Gravures de Modes, Aquarelles, etc., etc.,

SOUS LA DIRECTION

DE M. PIERRE ZACCONE.

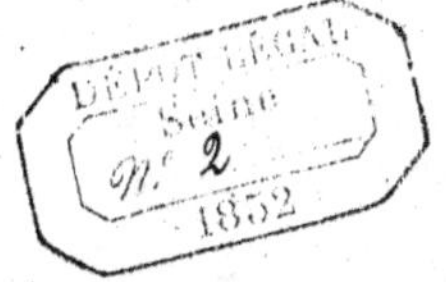

PARIS, 10 FR.;—DÉPARTEMENTS, 12 FR.;—ÉTRANGER, 14 FR.

PREMIÈRE ANNÉE.

N° 2. — Mars 1852.

PARIS
BUREAU DU JOURNAL, RUE ROUGEMONT, 7.

1852

Bureaux à Paris, 7, rue Rougemont.

SOMMAIRE DU NUMÉRO DE MARS 1852.

Dessin de broderie.
Modèle de dessin.

L'abondance des matières nous a forcés à remettre au numéro prochain la nouvelle de M. Emile Souvestre.

PETITE CORRESPONDANCE.

A Mme S., à G. — Le cadeau que la *Bibliothèque des Familles* promet à ses abonnés sera envoyé à partir du 1er mai, ainsi que notre prospectus l'a annoncé. — Des détails d'exécution nous ont seuls empêchés de délivrer cette prime plus tôt.

A M. R., Curé à L. — Ce numéro vous expliquera pourquoi vous n'avez pas reçu de *Berquin*, le mois dernier. Nous le servirons ainsi par livraison D'UNE FEUILLE, *tous les deux mois*.

A M. D., Instituteur à V. — Merci, monsieur, du concours que vous nous offrez ; nous l'acceptons avec empressement. — Notre œuvre est sérieuse entre toutes : elle a besoin des sympathies actives de tous les hommes éclairés ; et, de notre côté, nous ne négligerons rien pour nous en rendre dignes.

Le numéro d'avril contiendra en outre :

Le Cours du vieux rabâcheur.—Points de morale religieuse, par M. l'abbé CHOUDEY. — L'Homme des saules, conte, par SAVINIEN LAPOINTE. — Histoire tragique d'une impasse, par M. OSCAR HONORÉ. — Petit Buffon historique, par Mme FERDINAND MARIE. — Modes, par Mlle ROSA DU SABLEN. — Sonnet, par M. AMÉDÉE BOURGEOIS.—Poésie, par CHARLES ALEXANDRE. — Ephémérides du mois de mars, etc., etc.

A ce numéro seront joints un dessin de broderie, de M. GILET, et une gravure de modes.

La *Bibliothèque des Familles* publiera dans les numéros suivants des articles de MM. PAUL FÉVAL, PIERRE ZACCONE, OSCAR HONORÉ, G. LA LANDELLE, HENRI NICOLLE, DUPERCHE DE SAINT-DENIS, MOLÉ-GENTILHOMME, EUGÈNE DE MIRECOURT, JULIEN LEMER, CHARLES ALEXANDRE, AMÉDÉE BOURGEOIS, GUSTAVE DE PENMARCH, JULES LORIN, G. LEJEAN, CONSTANT GUEROUT, etc.; et des romances de MM. VICTOR, MASSÉ, LOUIS ABADIE, ALFRED DUFRESNE, CHARLES DELIOUX, HIGNARD, MOUTIN, WEKERLIN, etc.

Nota.—Les personnes qui désireraient avoir leurs initiales en lettres ornées n'ont qu'à en exprimer le désir. L'Administration du journal s'empressera de faire figurer les lettres demandées, dans la planche de broderie.

L'abonnement court à partir du 1er février dernier.

Envoyer *franco* un mandat à l'ordre de M. le Directeur du Journal, rue Rougemont, 7. — Les Messageries font les abonnements sans augmentation de prix.

Les lettres non affranchies seront rigoureusement refusées.

Typographie HENNUYER, rue Lemercier, 24, Batignolles.

BIBLIOTHÈQUE
DES FAMILLES

JOURNAL D'ÉDUCATION MORALE ET RELIGIEUSE

spécialement destiné à la jeunesse

Paraissant le 1er de chaque mois, à partir du 1er février,

PAR LIVRAISONS DE DEUX FEUILLES D'IMPRESSION,

accompagnées de

Musique, Tapisserie, Dessins de Broderie, Gravures de Modes, Aquarelles, etc., etc.;

SOUS LA DIRECTION

DE M. PIERRE ZACCONE.

PARIS, 10 FR.;—DÉPARTEMENTS, 12 FR.;—ÉTRANGER, 14 FR.

PREMIÈRE ANNÉE.

N° 3. — Avril 1852.

PARIS

BUREAU DU JOURNAL, RUE ROUGEMONT, 7.

1852

Bureaux à Paris, 7, rue Rougemont.

SOMMAIRE DU NUMÉRO D'AVRIL 1852.

<hr>

Romances, par M. Alfred Dufresne.
Dessin de broderie pour col, sur jaconas.
Gravure de modes.

<hr>

— Nous prions ceux de nos abonnés qui ne nous ont pas envoyé leur petit nom, de vouloir bien le faire sans retard ; l'administration devant délivrer le cadeau promis, à partir du 1er mai prochain.

PETITE CORRESPONDANCE.

A M. S., à R.—L'avis que nous publions ce mois-ci, sur la couverture de notre journal, nous dispense de répondre à votre lettre.—Votre désir sera satisfait. — Au mois de juin prochain, la *Bibliothèque des Familles* commencera la publication d'une petite pièce de théâtre, pouvant être jouée dans les maisons d'éducation.

Les numéros suivants contiendront des articles de MM. Paul FÉVAL, Emile SOUVESTRE, Pierre ZACCONE, Oscar HONORÉ, G. de LALANDELLE, Henri NICOLLE, DUPERCHE DE SAINT-DENIS, MOLÉ GENTILHOMME, Eugène de MIRECOURT, Julien LEMER, Charles ALEXANDRE, G. LEJEAN, Amédée BOURGEOIS, Gustave de PENMARCH, Jules LORIN, Théodore MICHEL, POISLE DESGRANGES, Constant GUÉROULT, etc., Mmes FERDINAND MARIE, ROSA DU SABLEN, Juliette VERNIER, etc., etc.; des romances de MM. Victor MASSÉ, Louis ABADIE, Charles DELIOUX, Alfred DUFRESNE, Ernest L'ÉPINE, HIGNARD, MOUTIN, WEKERLIN, etc., et des dessins de broderie de M. GILLET.

Outre les romances, dessins de broderie, gravures de modes qui accompagnent chaque numéro, la *Bibliothèque des Familles* offre encore à ses abonnés deux primes d'un nouveau genre.

1° Réimpression du *Théâtre de Berquin*, deux volumes qui seront successivement adressés par livraisons supplémentaires, de manière à pouvoir être détachés du corps même du Journal, et former un recueil à part;

2° Un CADEAU dont l'envoi sera fait à chaque abonné le jour de sa fête.

AVIS IMPORTANT. — Vers le mois de juin prochain, la *Bibliothèque des Familles* commencera la publication d'une charmante pièce de théâtre, en vers, pouvant être jouée dans les maisons d'éducation.

L'abonnement court à partir du 1er février dernier.

Les lettres non affranchies seront rigoureusement refusées.

Typographie HENNUYER, rue Lemercier, 24, Batignolles.

BIBLIOTHÈQUE
DES FAMILLES

JOURNAL D'ÉDUCATION MORALE ET RELIGIEUSE

spécialement destiné à la jeunesse;

Paraissant le 1ᵉʳ de chaque mois, à partir du 1ᵉʳ février,

PAR LIVRAISONS DE DEUX FEUILLES D'IMPRESSION;

accompagnées de

Musique, Tapisserie, Dessins de Broderie, Gravures de Modes,
Aquarelles, etc., etc.,

SOUS LA DIRECTION

DE M. PIERRE ZACCONE.

PARIS, 10 FR.;—DÉPARTEMENTS, 12 FR.;—ÉTRANGER, 14 FR.

PREMIÈRE ANNÉE.

Nᵒ 4. — Mai 1852.

PARIS

BUREAU DU JOURNAL, RUE SAINTE-ANNE, 57.

1852

SOMMAIRE DU NUMÉRO DE MAI 1852.

Dessin de broderie.

Modèle de dessin.

Les leçons si intéressantes du *Vieux Rabâcheur* nous ont fait défaut ce mois-ci. Nous nous empressons de prévenir les réclamations qui ne manqueraient pas de nous être adressées à ce sujet, en annonçant qu'une large place sera réservée le mois prochain à notre spirituel collaborateur. Les lecteurs ne perdront donc pas pour attendre.

La *Bibliothèque des Familles* publiera dans les numéros suivants des articles de MM. Paul Féval, Pierre Zaccone, Oscar Honoré, G. La Landelle, Henri Nicolle, Duperche de Saint-Denis, Molé-Gentilhomme, Eugène de Mirecourt, Julien Lemer, Charles Alexandre, Amédée Bourgeois, Gustave de Penmarch, Jules Lorin, G. Lejean, Constant Guerout, etc.; et des romances de MM. Victor, Massé, Louis Abadie, Alfred Dufresne, Charles Delioux, Hignard, Moutin, Wekerlin, etc.

Nota.—Les personnes qui désireraient avoir leurs initiales en lettres ornées n'ont qu'à en exprimer le désir. L'Administration du journal s'empressera de faire figurer les lettres demandées, dans la planche de broderie.

L'abonnement court à partir du 1er février dernier.

Les lettres non affranchies seront rigoureusement refusées.

Typographie HENNUYER, rue Lemercier, 24, Batignolles.

BIBLIOTHÈQUE
DES FAMILLES

JOURNAL D'ÉDUCATION MORALE ET RELIGIEUSE

spécialement destiné à la jeunesse

Paraissant le 1er de chaque mois, à partir du 1er février,

PAR LIVRAISONS DE DEUX FEUILLES D'IMPRESSION,

accompagnées de

Musique, Tapisserie, Dessins de Broderie, Gravures de Modes,
Aquarelles, etc., etc.,

SOUS LA DIRECTION
DE M. PIERRE ZACCONE.

<hr>

PARIS, 10 FR.;—DÉPARTEMENTS, 12 FR.;—ÉTRANGER, 14 FR.

<hr>

PREMIÈRE ANNÉE.
—
N° 5. — Juin 1852.

<hr>

PARIS

BUREAU DU JOURNAL, RUE SAINTE-ANNE, 57.
—
1852

Bureaux à Paris, 57, rue Sainte-Anne.

SOMMAIRE DU NUMÉRO DE JUIN 1852.

Dessin de broderie.

Gravure de modes.

La *Bibliothèque des Familles* publiera dans les numéros suivants des articles de MM. PAUL FÉVAL, PIERRE ZACCONE, OSCAR HONORÉ, G. LA LANDELLE, HENRI NICOLLE, DUPERCHE DE SAINT-DENIS, MOLÉ-GENTILHOMME, EUGÈNE DE MIRECOURT, JULIEN LEMER, CHARLES ALEXANDRE, AMÉDÉE BOURGEOIS, GUSTAVE DE PENMARCH, JULES LORIN, G. LEJEAN, CONSTANT GUÉROUT, etc.; et des romances de MM. VICTOR MASSÉ, LOUIS ABADIE, ALFRED DUFRESNE, CHARLES DELIOUX, HIGNARD, MOUTIN, WEKERLIN, etc.

Nota.—Les personnes qui désireraient avoir leurs initiales en lettres ornées n'ont qu'à en exprimer le désir. L'Administration du journal s'empressera de faire figurer les lettres demandées, dans la planche de broderie.

L'abonnement court à partir du 1er février dernier.

Les lettres non affranchies seront rigoureusement refusées.

Typographie HENNUYER, rue du Boulevard, 7, Batignolles.

www.ingramcontent.com/pod-product-compliance
Lightning Source LLC
LaVergne TN
LVHW051051200726
843508LV00001B/370